안녕하세요

포토샵
2021

안녕하세요 **포토샵 2021**

초판 1쇄 인쇄 | 2021년 11월 1일
초판 1쇄 발행 | 2021년 11월 10일

지 은 이 | 전혜원, 최혜린, 김시완
발 행 인 | 이상만
발 행 처 | 정보문화사

편 집 진 행 | 노미라

주   소 | 서울시 종로구 동숭길 113 (정보빌딩)
전   화 | (02)3673-0114
팩   스 | (02)3673-0260
등   록 | 1990년 2월 14일 1-1013호
홈 페 이 지 | www.infopub.co.kr

I   S   B   N | 978-89-5674-913-6

Adobe Photoshop 2021

안녕하세요

포토샵 2021

전혜원, 최혜린, 김시완 지음

 정보문화사
Information Publishing Group

들어가기 전에

포토샵 소개

포토샵은 Adobe에서 출시한 이미지 편집 프로그램입니다. 처음에는 이미지 편집만을 다루었으나, 이제는 이미지 편집뿐만 아니라 디자인, 웹, 3D 프로젝트 등 어디에나 활용할 수 있어 쓰임새가 더욱 높아졌습니다. 포토샵에는 많은 기능이 있지만 활용도 높은 핵심 기능만 알아두어도 다양한 작업이 가능합니다. 가장 기본적인 선택 도구, 브러시 도구, 자르기 도구 등으로 이미지를 편집하고 포스터와 같은 저작물을 디자인할 수 있습니다.

가장 보편적으로 사용하는 이미지 편집 프로그램이기 때문에 관련 강의를 유튜브에서도 쉽게 찾을 수 있으며, 원하는 효과가 있을 때도 바로 따라할 수 있습니다. 따라서 이미지 편집 프로그램을 처음 쓰는 초심자라 하더라도 쉽게 접근 가능합니다.

다른 이미지 편집 프로그램과 차별화되는 포토샵만의 장점은 Adobe 프로그램과 긴밀하게 연결된다는 점입니다. 일러스트에서 작업하던 이미지를 포토샵으로 불러와 활용할 수 있으며, 포토샵에서 작업하던 이미지를 프리미어나 애프터 이펙트를 통해 영상화할 수 있습니다. 이처럼 별도의 프로그램을 사용하지 않아도 각 파일이 간단하게 호환됩니다.

Adobe Creative Cloud에서 제공하는 포토샵은 한국어, 영어, 프랑스어, 스페인어 등 다양한 국가의 언어를 지원합니다. 본 책에서는 영어 표기 방식을 중점적으로 사용하였으나 어떤 언어를 선택하더라도 따라서 실습할 수 있도록 영어와 한글을 함께 표기하였습니다.

포토샵에 대한 간략한 이해를 마쳤다면 이제 본격적으로 포토샵을 배워보겠습니다.

포토샵 주요 개념

포토샵을 시작하기에 앞서 미리 알아두어야 하는 기본적인 개념 세 가지를 소개합니다.

픽셀과 해상도

픽셀은 작은 사각형으로, 비트맵 형식의 최소 단위입니다. 픽셀 여러 개가 모이면 하나의 이미지가 완성됩니다.

해상도는 단위 면적당 픽셀 수를 의미합니다. 포토샵에서 주로 사용하는 단위는 PPI(Pixels Per Inch)로 1인치당 몇 개의 픽셀로 이루어져 있는지를 나타냅니다. PPI 값이 클수록 픽셀 수가 많아지기 때문에 이미지의 화질이 좋아지고 용량이 커집니다. 일반적으로 포토샵에서는 72 PPI를 사용하며, 인쇄물에서는 300 PPI를 사용합니다.

비트맵, 벡터

이미지는 크게 비트맵 형식과 벡터 형식으로 구분됩니다.

비트맵 형식은 여러 개의 픽셀이 모여서 하나의 이미지를 만듭니다. 픽셀 하나당 하나의 색상 값을 가지기 때문에 정확하고 매끄러운 이미지 표현이 가능합니다. 하지만 사각형 모양인 픽셀의 특성상 이미지를 확대할 때 깨짐 현상이 발생합니다. jpg, png, gif 등의 확장자명을 가진 이미지가 비트맵 형식이며 포토샵에서 주로 사용합니다.

반면, 벡터는 점과 선, 면의 좌표를 이용해 그리는 이미지입니다. 수학적 연산을 통해 만들어지는 이미지로 이미지를 확대하거나 축소하더라도 깨짐 현상이 발생하지 않습니다. 하지만 정교한 이미지 표현이 어렵고 구현할 수 있는 색상이 제한적입니다. 로고, 캐릭터 등을 제작할 때 많이 사용하는 형식이며 일러스트레이터에서 주로 사용합니다.

색상 모드

포토샵은 다양한 색상 모드를 지원합니다. 일반적으로 가장 많이 사용하는 색상 모드는 RGB와 CMYK입니다.

RGB는 포토샵에서 기본적으로 사용하는 색상 모드로 빛의 삼원색인 Red(빨강), Green(초록), Blue(파랑)를 섞어 색상을 만듭니다. 색을 섞을수록 점점 밝아져 '가산 혼합'이라 부릅니다. 웹디자인, 카드뉴스 등 온라인에서 사용하는 이미지에 주로 사용합니다.

CMYK는 일반적으로 일러스트레이터에서 사용하는 색상 모드입니다. 원색인 Cyan(시안), Magenta(마젠타), Yellow(노랑), blacK(검정)을 섞어 색상을 만듭니다. 물감처럼 색을 섞을수록 점점 어두워지므로 '감산 혼합'이라 부릅니다. 출력이나 인쇄가 필요한 책, 엽서, 영화 포스터를 제작할 때 주로 사용합니다.

색상 모드는 포토샵에서 새로운 파일을 만들 때 설정하며, 작업 중에는 [Image(이미지)] - [Mode(모드)]에서 언제든지 변경할 수 있습니다.

포토샵 최신 기능

Adobe는 정기적인 업데이트를 통해 새로운 기능을 출시합니다. 작업 효율을 높일 수 있는 포토샵 최신 기능 네 가지를 소개합니다.

Invite others to edit

포토샵 파일을 클라우드 문서로 저장하여 편리하게 공동 작업을 진행할 수 있습니다. 편집 초대 아이콘을 클릭하여 초대받을 사람의 이메일을 입력하면 해당 계정에 포토샵 클라우드 문서가 공유됩니다.

초대받은 계정은 포토샵의 [Cloud documents(클라우드 문서)] – [Shared with you(나와 공유됨)]에서 공유된 클라우드 문서를 확인하고 편집에 참여할 수 있습니다. 실시간 동시 작업은 불가하며, 한 세정이 편집 중일 때 다른 계정에서 편집을 시도할 경우 충돌 방지 안내창이 나타납니다.

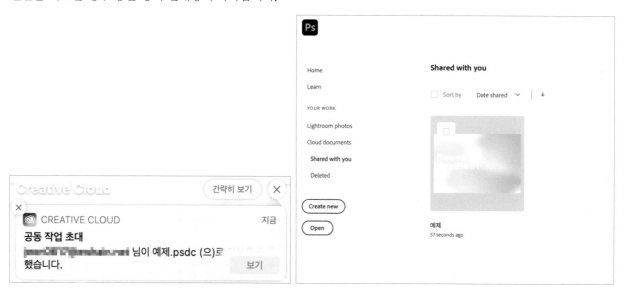

Neural Filters

AI 기술을 사용하여 간단한 조작만으로 인물을 보정하는 기능입니다. 인물을 인식하여 표정, 나이, 시선, 포즈를 빠르게 변경할 수 있습니다. [Filter(필터)] – [Neural Filters]를 눌러 실행하며, 원하는 필터를 다운받은 후 효과를 적용할 수 있습니다.

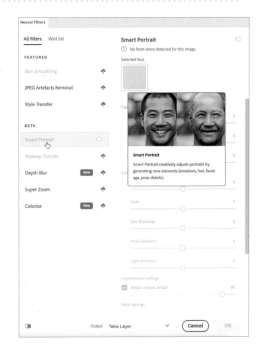

Sky Replacement

사진 속 하늘을 빠르게 변경하는 기능으로 [Edit(편집)] – [Sky Replacement(하늘 대체)]를 클릭하여 실행합니다. 포토샵에서 제공하는 하늘 팩으로 하늘을 변경하고 색상을 쉽게 보정할 수 있습니다. 기본적으로 제공하는 하늘 팩 외에 Adobe Discover에서 다양 고품질 하늘 파일을 추가로 다운받을 수 있습니다.

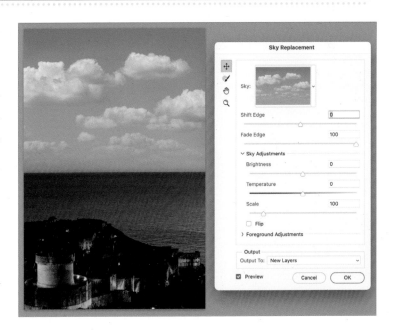

패턴을 새롭게 제작할 때 미리 보기를 사용할 수 있습니다. 이전에는 패턴을 모두 만든 후 적용해야 확인할 수 있었지만, 이제는 즉각적으로 적용될 패턴의 모습을 확인하며 작업할 수 있습니다. [View(보기)] - [Pattern Preview(패턴 미리 보기)]를 눌러 실행합니다.

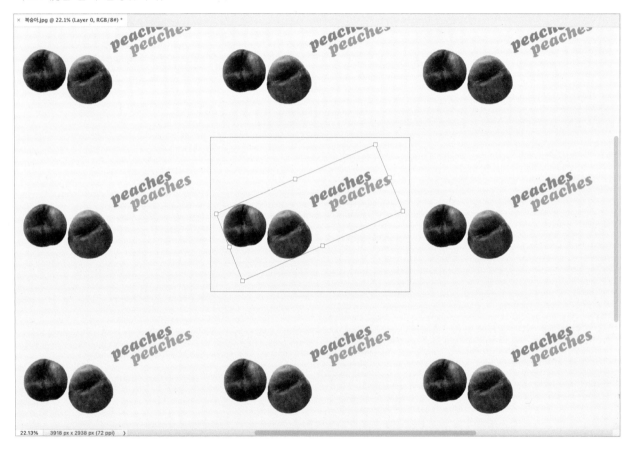

실습 안내

실습 파일 준비

예제를 실습할 수 있도록 jpg/png 또는 psd 파일을 제공합니다. 예제 파일은 정보문화사 홈페이지(infopub.co.kr) 자료실에서 다운로드 받을 수 있습니다.

예제 파일에 사용된 폰트

예제 실습 전 사용할 폰트를 미리 설치할 것을 권장합니다. 예제 파일이 psd로 제공되는 경우, 폰트를 미리 설치해야 파일이 올바르게 실행됩니다.

페이지	섹션명	폰트	다운로드 받는 곳
p.93	[Type Tool]로 텍스트 입력하고 서식 설정하기	Dolce Vita	https://www.dafont.com/dolce-vita.font
p.98	[Character Styles] 만들고 활용하기	Noto Sans CJK KR	https://www.google.com/get/noto/#sans-kore
p.102	[Warp Text]로 텍스트 왜곡하기	Noto Sans CJK KR	https://www.google.com/get/noto/#sans-kore
p.106	텍스트에 이미지 삽입하기	New York Large	https://fontsfree.net/new-york-large-bold-font-download.html
p.109	[Layer Style]로 텍스트 꾸미기	나눔스퀘어라운드	https://hangeul.naver.com/font
p.258	간단한 동영상 파일 편집하기	Merriweather	https://fonts.google.com/specimen/Merriweather
p.264	그래픽 포스터	NewYork	https://www.dafont.com/newyork.font
		A Abstract Groovy	https://www.dafont.com/a-abstract-groovy.font
		Bebas	https://www.dafont.com/bebas.font
p.273	카드뉴스	G마켓 산스	http://company.gmarket.co.kr/company/about/company/company-font.asp
p.283	감성적인 유튜브 섬네일	나눔명조	https://hangeul.naver.com/font
		Quentin	https://www.dafont.com/quentin-2.font
p.291	정보성 유튜브 섬네일	Noto Sans CJK KR	https://www.google.com/get/noto/#sans-kore
p.294	배너	Black Han Sans	https://fonts.google.com/specimen/Black+Han+Sans
		Noto Sans CJK KR	https://www.google.com/get/noto/#sans-kore
		잉크립퀴드체	https://noonnu.cc/font_page/68
p.304	리플렛	Black Han Sans	https://fonts.google.com/specimen/Black+Han+Sans
		나눔바른고딕	https://hangeul.naver.com/font

분류	기능	Mac OS	Windows
파일	새 문서	Cmd + N	Ctrl + N
	열기	Cmd + O	Ctrl + O
	저장	Cmd + S	Ctrl + S
	다른 이름으로 저장	Cmd + Shift + S	Ctrl + Shift + S
	파일 닫기	Cmd + W	Ctrl + W
보기	확대	Cmd + +	Ctrl + +
	축소	Cmd + −	Ctrl + −
	눈금자	Cmd + R	Ctrl + R
	캔버스 원본 크기로 보기	Cmd + Opt + O	Ctrl + Alt + O
선택	모두 선택	Cmd + A	Ctrl + A
	선택 영역 해제하기	Cmd + D	Ctrl + D
	선택 영역 해제 전으로 돌아가기	Cmd + Shift + D	Ctrl + Shift + D
	선택 영역 반전	Cmd + Shift + I	Ctrl + Shift + I
도구	이동 도구	V	V
	사각형 선택 윤곽 도구 / 원형 선택 윤곽 도구	M	M
	올가미 도구	L	L
	자르기 도구	C	C
	스포이드 도구	I	I
	패치 도구	J	J
	도장 도구	S	S
	브러시 도구	B	B
	그레이디언트 도구 / 페인트 통 도구	G	G
	지우개 도구	E	E
	닷지/번/스폰지 도구	O	O
	패스 도구	P	P
	수평 문자 도구	T	T
	손 도구	H	H
	전경/배경 색상 전환	X	X
	브러시 크기 줄임	[	[
	브러시 더 크게	]	]
편집	복사	Cmd + C	Ctrl + C
	붙여넣기	Cmd + V	Ctrl + V
	자유 변형	Cmd + T	Ctrl + T
	실행 취소	Cmd + Z	Ctrl + Z
	다시 실행	Cmd + Shift + Z	Ctrl + Shift + Z
	잘라내기	Cmd + X	Ctrl + X

레이어	레이어 복사	Cmd + J	Ctrl + J
	레이어 새로 만들기	Cmd + Shift + N	Ctrl + Shift + N
	레이어 그룹 만들기	Cmd + G	Ctrl + G
	레이어 그룹 해제	Cmd + Shift + G	Ctrl + Shift + G
	레이어 병합	Cmd + E	Ctrl + E
색상	전경색으로 채우기	Opt + Del	Alt + Del
	배경색으로 채우기	Cmd + Del	Ctrl + Del
	색 레벨	Cmd + L	Ctrl + L
	곡선	Cmd + M	Ctrl + M
	색상 반전	Cmd + I	Ctrl + I

단축키 설정

Mac OS : Opt + Shift + Cmd + K

Windows : Alt + Shift + Ctrl + K

키보드 단축키(Keyboard Shortcuts)에서 직접 키보드 단축키를 수정하고 저장하여 사용할 수 있습니다.

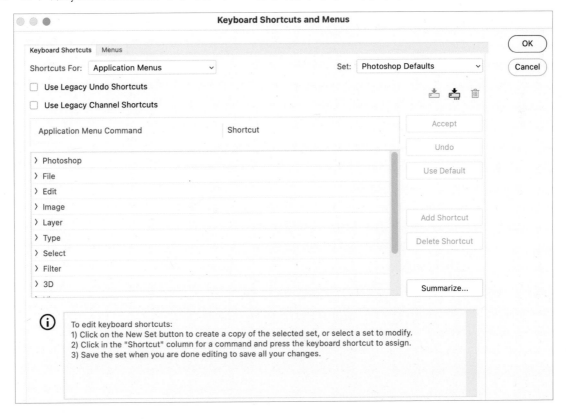

차례

PART
03

짧게 배워 길게 써먹는 포토샵 핵심 기능 ❷

PART
04

포토샵 고급 기능

PART
05

적재적소에 활용하는 실전 예제

01

처음 만나는 포토샵

01

포토샵 설치하기

프로그램을 사용하기 위해 Adobe Photoshop을 설치해야 합니다. Adobe의
모든 프로그램은 Adobe Creative Cloud를 통해 설치할 수 있습니다.

01 Adobe Creative Cloud 설치하기

Adobe Photoshop 설치에 앞서 Adobe Creative Cloud를 설치해야 합니다. Creative Cloud는 Adobe의 모든 프로그램을 구독하여 사용하고 관리할 수 있는 Adobe의 클라우드 서비스입니다.

01 Adobe 사이트(https://www.adobe.com/kr)에 접속합니다. 사이트 상단의 [크리에이티비티 및 디자인] – [Photoshop]을 클릭합니다.

02 Adobe Photoshop에 대한 설명이 자세히 나와있습니다. 상단의 [무료 체험판] 혹은 [구매하기]를 클릭합니다.

03 Adobe에서 구매할 수 있는 모든 프로그램이 나와있습니다. Adobe는 단일 앱 외에도 다양한 패키지를 제공하므로, 필요에 맞게 구매하여 사용할 수 있습니다. Photoshop의 [구매하기]를 클릭합니다.

04 Adobe 프로그램에서 사용할 계정 이메일을 입력한 후 [결제 진행]을 클릭합니다. 신규 사용자는 구매 후 암호를 설정할 수 있습니다.

05 결제 방법을 추가한 후 [주문하기]를 클릭하여 결제를 진행합니다.

06 주문이 완료되었습니다. 안내 순서에 따라 Adobe Creative Cloud를 설치합니다.

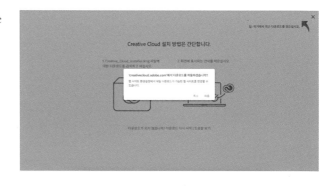

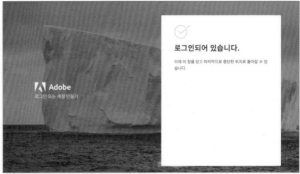

07 설치가 완료되었습니다.

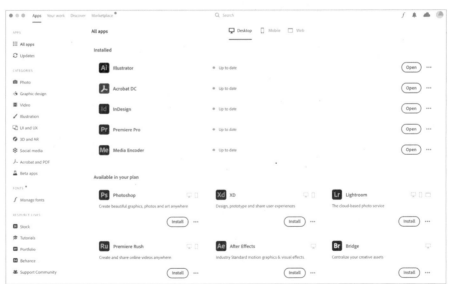

포토샵 설치하기

Adobe Creative Cloud를 실행하고 포토샵을 설치합니다.

01 설치한 Adobe Creative Cloud를 실행합니다. [All Apps] − [Available in your plan]에서 Photoshop의 [Install]을 클릭합니다.

02 설치가 완료될 때까지 기다립니다.

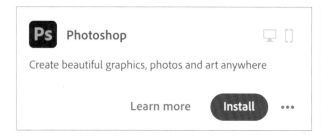
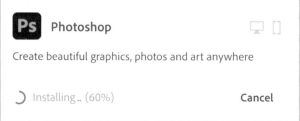

03 Photoshop 설치가 완료되었습니다. [Open]을 눌러 Photoshop을 실행합니다.

04 Adobe Photoshop 2021 설치가 완료되었습니다.

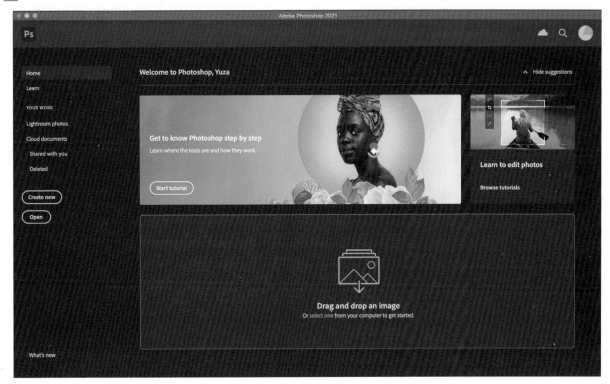

포토샵은 작업하는 사용자의 선호도를 고려하여 다양한 색상 테마를 제공합니다. 밝은 색상 테마로 변경하는 방법을 알아봅니다.

01 포토샵을 실행한 후 상단의 [Photoshop(포토샵)] – [Preferences(환경 설정)] – [Interface(인터페이스)]를 선택합니다.

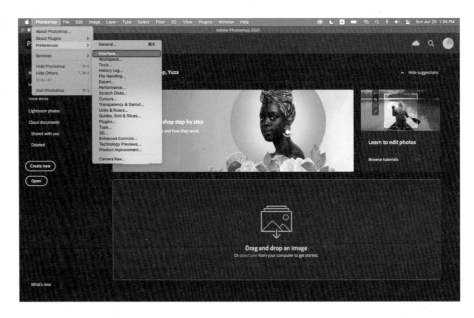

02 [Appearance(모양)] – [Color Theme(색상 테마)]에서 검은색, 진한 회색, 중간 회색, 밝은 회색 중 하나를 선택하여 [Interface] 색상을 변경할 수 있습니다. 밝은 회색을 클릭한 후 [OK(확인)]를 클릭합니다.

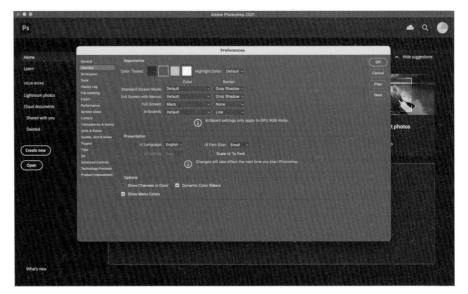

03 [Interface] 색상이 검은색에서 밝은 회색으로 변경되었습니다.

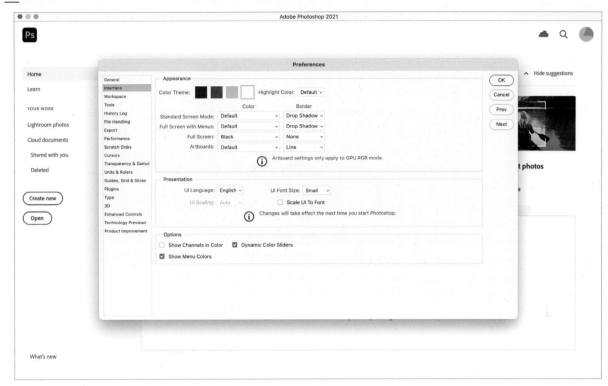

02

포토샵 시작하기

포토샵을 활용하기에 앞서 프로그램의 인터페이스를 살펴보면 시작이 훨씬 쉬워집니다. 처음에는 익숙하지 않을 수 있으나, 사용하면서 자연스럽게 익힐 수 있으므로 부담감을 내려놓고 가볍게 내용을 살펴보기 바랍니다.

01 파일 생성하기

포토샵 작업을 시작하기 위해 새로운 파일을 생성합니다.

01 포토샵을 실행하면 가장 먼저 [Home(홈)]이 나타납니다.

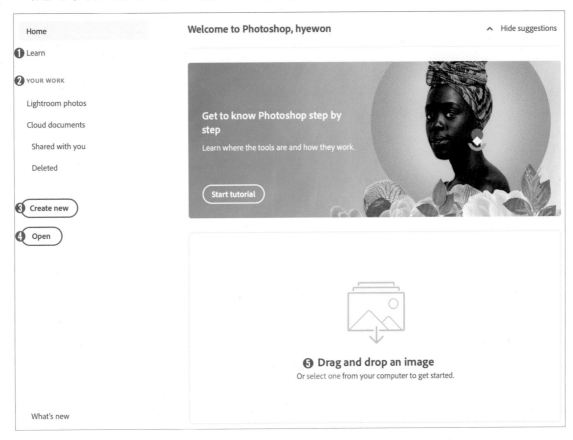

❶ Learn: 포토샵을 시작하는 데 도움이 되는 학습 기능을 제공합니다.

❷ Your Work: 라이트룸 혹은 클라우드에 있는 파일을 포토샵으로 가져옵니다.

❸ Create new: 포토샵 작업을 위한 새로운 파일을 생성할 수 있습니다. 일반적으로 포토샵을 시작할 때 가장 많이 사용하는 기능입니다.

❹ Open: 포토샵으로 편집한 기존 이미지 혹은 파일을 불러올 수 있습니다.

❺ Drag and drop an image: 컴퓨터 파일에서 드래그 앤 드롭으로 간편하게 이미지를 불러올 수 있습니다.

02 [Create new]를 클릭하여 새로운 파일을 생성합니다. [New Document(새로 만들기 문서)] 창에서 파일의 사전 설정을 변경할 수 있으며, 일반적으로 많이 사용하는 템플릿 중 하나를 선택하여 사용할 수도 있습니다.

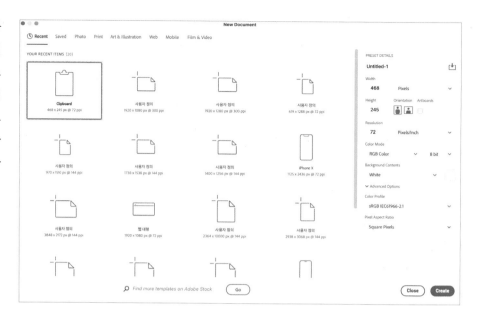

03 단위를 [Pixels(픽셀)]로 설정한 후 [Width(폭)]를 1920, [Height(높이)]를 1080으로 변경합니다.

04 [Resolution(해상도)]은 파일의 해상도를 의미합니다. 해상도의 숫자가 높을수록 이미지가 선명하며, 파일의 용량도 커집니다. 일반적으로 웹에서는 72를 사용하며, 고화질이 필요한 웹 작업물이나 인쇄가 필요한 작업물에는 300을 사용합니다. [Resolution]을 300으로 변경합니다.

05 새로운 파일이 생성되었습니다.

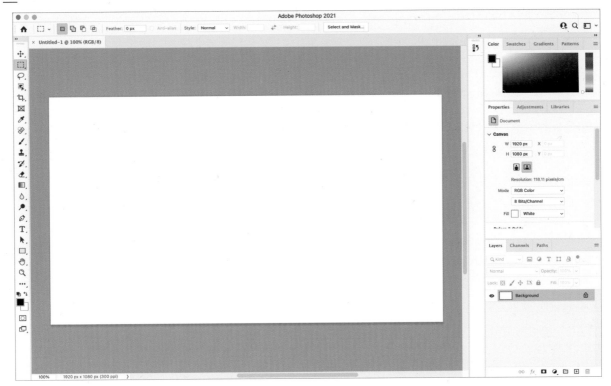

02 저장하기

그래픽 툴의 특성상 편집 도중 프로그램이 종료되어 작업물이 날라가는 경우가 있습니다. 따라서 파일을 생성했다면 반드시 포토샵 파일을 저장하고, 이후에도 수시로 저장을 업데이트하며 관리하는 것이 중요합니다.

01 [File(파일)] – [Save As(다른 이름으로 저장)]를 클릭합니다.

02 파일을 저장할 장치를 선택합니다. 편의에 따라 [Cloud documents(클라우드 문서)] 혹은 [On your computer(내 컴퓨터에서)]를 선택합니다. 저장 옵션은 언제든지 변경할 수 있으며, 해당 화면을 다시 표시하지 않으려면 [Don't show again(다시 표시 안 함)]을 체크합니다.

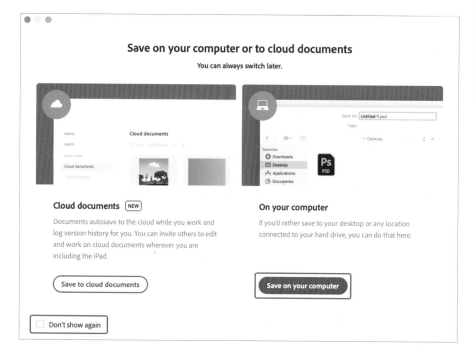

03 [Format(형식)]에서 저장 형식을 선택할 수 있습니다. 포토샵 파일을 저장하기 위해 [Format]은 Photoshop으로 지정합니다.

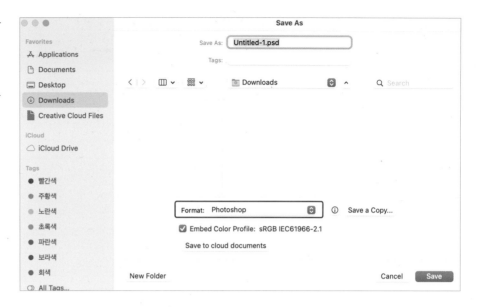

TIP

포토샵 파일의 확장자

기본적으로 컴퓨터 소프트웨어는 파일 확장자를 가지고 있습니다. 예를 들어 한글은 'hwp', 파워포인트는 'pptx', 엑셀은 'xlsx'라고 부릅니다. 포토샵 파일의 확장자명은 'psd'입니다.

04 [Save As]의 파일 이름을 '연습하기'로 변경하고, 파일 저장 위치를 설정한 후 [Save(저장)]를 눌러 파일을 저장합니다.

05 포토샵 파일이 저장되었습니다.

06 작업 영역으로 돌아오면 'Untitled-1.psd'이었던 파일명이 '연습하기.psd'로 변경된 것을 확인할 수 있습니다. 변경 사항이 생길 때마다 [File] – [Save] 혹은 Cmd/Ctrl + S를 눌러 수시로 저장하며 작업을 진행합니다.

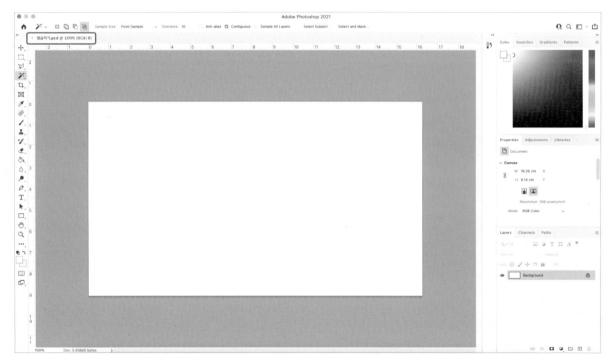

03 이미지 저장하고 내보내기

포토샵으로 작업한 파일을 이미지로 내보내는 방법은 여러 가지입니다. 가장 많이 쓰는 [Save As]와 [Export]를 이용해 이미지를 저장하고 추출해봅니다.

01 [Save As]

01 [File(파일)] - [Save As(다른 이름으로 저장)]를 클릭합니다.

02 [Format(형식)]을 JPEG로 선택하고, 파일명을 변경한 후 [Save(저장)]를 누릅니다.

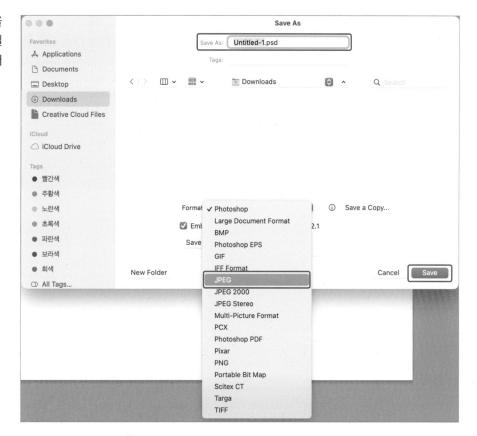

03 [JPEG Options(JPEG 옵션)]를 조정합니다. [Quality(품질)]가 높을수록 이미지 화질이 좋으며 용량이 커집니다. [Format Options(형식 옵션)]는 가장 많이 활용하는 [Baseline ("Standard") (기본 ("표준"))]을 선택합니다. [OK(확인)]를 눌러 파일 저장을 완료합니다.

04 저장한 위치에서 파일을 확인합니다.

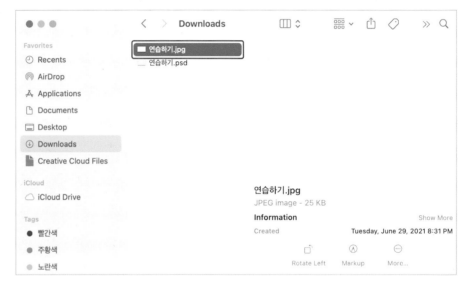

02 [Export]

01 [File] - [Export(내보내기)] - [Export As(내보내기 형식)]를 클릭합니다.

02 [Export As] 창이 열립니다.

03 [File Settings(파일 설정)]에서 [Format]을 JPG로 변경합니다. 만약 이미지 크기를 변경하여 저장하고 싶다면 [Width(폭)]와 [Height(높이)]를 조절합니다. 모든 설정 변경을 완료한 후 [Export]를 클릭합니다.

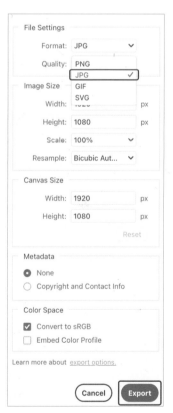

04 파일명을 변경하고 저장 위치를 설정합니다. [Save]를 누르면 파일 저장이 완료됩니다.

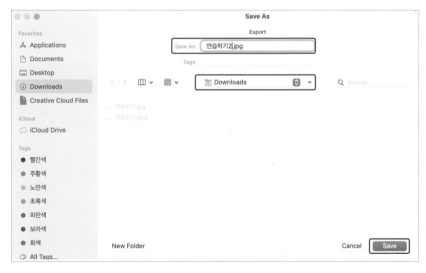

04 패널 이해하기

패널의 역할과 구성 요소를 차근 차근 살펴보고 작업 도구를 이해합니다.

01 포토샵에서 새로운 파일을 하나 생성하면 다음과 같은 화면이 나타납니다.

❶ [Tools(도구)] 패널
❷ 옵션 바
❸ 보조 패널
❹ 작업 영역

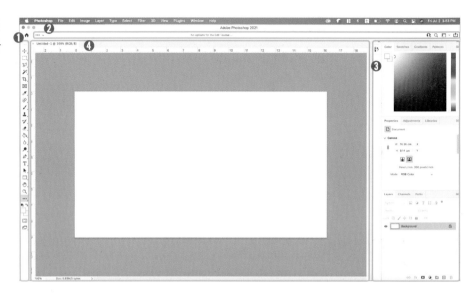

02 [Tools] 패널

01 작업에 사용하는 모든 도구를 담고 있습니다. 이 도구를 활용하여 다양한 기능을 실행할 수 있습니다. ▸▸을 클릭하여 패널을 2열로 확장하거나 1열로 축소할 수 있으며, ▥▥▥ 를 클릭한 채 드래그하면 패널의 위치를 이동할 수 있습니다.

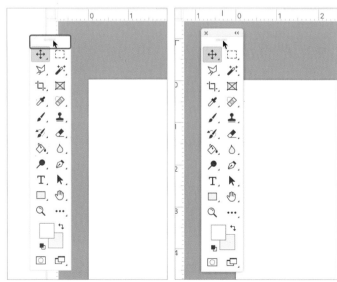

02 🖵,를 클릭하여 화면 모드를 기본 화면에서 전체 화면으로 전환할 수 있습니다.

03 도구 아이콘을 길게 누르거나 마우스 오른쪽 버튼을 누르면 숨겨진 도구를 선택할 수 있습니다.

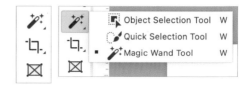

	아이콘	도구명	설명	단축키
1		Move Tool(이동 도구)	선택한 레이어나 가이드라인, 선택 영역의 이미지를 이동합니다.	V
1		Artboard Tool(대지 도구)	여러 캔버스를 만들고 캔버스의 크기를 조절하거나 이동합니다.	V
2		Rectangular Marquee Tool(사각형 선택 윤곽 도구)	사각형 선택 영역을 만듭니다.	M
2		Elliptical Marquee Tool(원형 선택 윤곽 도구)	원형 선택 영역을 만듭니다.	M
2		Single Row Marquee Tool(단일 행 선택 윤곽 도구)	가로 캔버스 크기, 세로 1픽셀 크기의 단일 행 선택 영역을 만듭니다.	
2		Single Column Marquee Tool(단일 열 선택 윤곽 도구)	가로 1픽셀 크기, 세로 캔버스 크기의 단일 열 선택 영역을 만듭니다.	
3		Lasso Tool(올가미 도구)	불규칙한 자유 형태의 선택 영역을 만듭니다.	L
3		Polygonal Lasso Tool(다각형 올가미 도구)	다각형 선택 영역을 만듭니다.	L
3		Magnetic Lasso Tool(자석 올가미 도구)	색상 차이가 있는 경계를 구분하여 선택 영역을 만듭니다.	L
4		Object Selection Tool(개체 선택 도구)	특정 영역 안에서 개체를 찾아 자동으로 선택합니다.	W
4		Quick Selection Tool(빠른 선택 도구)	브러시를 사용하여 드래그하는 부분을 빠르게 선택 영역으로 선택합니다.	W
4		Magic Wand Tool(자동 선택 도구)	유사한 색상 영역을 한번에 선택합니다.	W
5		Crop Tool(자르기 도구)	이미지를 잘라냅니다.	C
5		Perspective Crop Tool(원근 자르기 도구)	원근을 변형하여 이미지를 잘라냅니다.	C
5		Slice Tool(분할 영역 도구)	이미지를 여러 조각으로 분할합니다.	C
5		Slice Select Tool(분할 영역 선택 도구)	분할 영역을 선택하고 편집합니다.	C
6		Frame Tool(프레임 도구)	프레임 마스크를 만들어 이미지를 프레임 마스크 모양에 맞게 잘라낼 수 있습니다.	K
7		Eyedropper Tool(스포이드 도구)	클릭하는 지점의 색상을 추출합니다.	I
7		3D Material Eyedropper Tool (3D 재질 스포이드 도구)	3D 오브젝트에 적용된 재질을 추출합니다.	I
7		Color Sampler Tool(컬러 샘플러 도구)	클릭하는 지점의 최대 4개 영역 색상 값을 표시합니다. Info 패널에서 확인할 수 있습니다.	I
7		Ruler Tool(측정 도구)	거리, 위치 및 각도를 측정합니다.	I
7		Note Tool(메모 도구)	메모를 입력합니다.	I
7		Count Tool(카운트 도구)	이미지에 있는 개체를 카운트합니다.	I

8		Spot Healing Brush Tool(스팟 복구 브러시 도구)	반점이나 개체 등 사진의 결점을 쉽게 제거합니다.	J
		Healing Brush Tool(복구 브러시 도구)	복사한 부분의 이미지와 색을 복제 및 혼합하여 결함을 복구합니다.	J
		Patch Tool(패치 도구)	선택한 영역에 있는 결함을 샘플이나 패턴을 사용하여 복구합니다.	J
		Content-Aware Move Tool(내용 인식 이동 도구)	선택 영역의 이미지를 이동하여 자연스럽게 합성합니다.	J
		Red Eye Tool(적목 현상 도구)	플래시로 인해 발생하는 빨간색 반사를 제거합니다.	J
9		Brush Tool(브러시 도구)	브러시의 획을 그립니다.	B
		Pencil Tool(연필 도구)	가장자리가 선명한 획을 그립니다.	B
		Color Replacement Tool(색상 대체 도구)	선택된 색상을 새 색상으로 대체합니다.	B
		Mixer Brush Tool(혼합 브러시 도구)	캔버스의 색상 혼합 및 페인트 젖은 정보 변화와 같은 사실적인 페인팅 기법을 시뮬레이션합니다.	B
10		Clone Stamp Tool(복제 도장 도구)	이미지 특정 부분을 복제합니다.	S
		Pattern Stamp Tool(패턴 도장 도구)	이미지 특정 부분에 패턴을 칠합니다.	S
11		History Brush Tool(작업 내역 브러시 도구)	손상된 이미지를 초기 상태로 복원합니다.	Y
		Art History Brush Tool(미술 작업 내역 브러시 도구)	손상된 이미지를 초기 상태로 복원하면서 미술 효과를 적용합니다.	Y
12		Eraser Tool(지우개 도구)	이미지의 특정 부분을 지웁니다.	E
		Background Eraser Tool(자동 지우개 도구)	배경을 쉽게 지웁니다.	E
		Magic Eraser Tool(자동 지우개 도구)	선택한 지점과 비슷한 색상의 영역이 투명하게 지워집니다.	E
13		Gradient Tool(그레이디언트 도구)	직선, 방사형, 각도, 반사 및 다이아몬드 패턴으로 색상을 혼합하여 2개 이상의 색상이 자연스럽게 섞이는 효과를 만듭니다.	G
		Paint Bucket Tool(페인트 통 도구)	특정 색상이나 패턴을 칠합니다.	G
		3D Material Drop Tool(3D 재질 놓기 도구)	3D 오브젝트에 재질을 적용합니다.	G
14		Blur Tool(흐림 효과 도구)	이미지의 선명한 가장자리를 흐리게 합니다.	
		Sharpen Tool(선명 효과 도구)	이미지의 흐린 가장자리를 선명하게 합니다.	
		Smudge Tool(손가락 도구)	이미지의 데이터에 문지르기 효과를 만들어 부드럽게 만듭니다.	
15		Dodge Tool(닷지 도구)	이미지의 영역을 밝게 합니다.	O
		Burn Tool(번 도구)	이미지의 영역을 어둡게 합니다.	O
		Sponge Tool(스폰지 도구)	영역의 색상 채도를 변경합니다.	O
16		Pen Tool(펜 도구)	가장자리가 매끄러운 패스를 그릴 수 있습니다.	P
		Freeform Pen Tool(자유 형태 펜 도구)	기준점을 만들어 자유롭게 패스를 그립니다.	P
		Curvature Pen Tool(곡률 펜 도구)	드래그로 자유 곡선을 만들어 패스를 편리하게 그릴 수 있습니다.	P
		Add Anchor TIP Tool(기준점 추가 도구)	이미 그린 패스에 기준점을 추가합니다.	
		Delete Anchor TIP Tool(기준점 삭제 도구)	패스의 기준점을 제거합니다.	
		Convert TIP Tool(기준점 변환 도구)	패스 기준점을 변환하여 직선을 곡선으로, 곡선을 직선으로 만듭니다.	

17	T	Horizontal Type Tool(수평 문자 도구)	텍스트를 가로 방향으로 입력합니다.	T
	↓T	Vertical Type Tool(세로 문자 도구)	텍스트를 세로 방향으로 입력합니다.	T
	↓T	Horizontal Type Mask Tool(수평 문자 마스크 도구)	가로 방향으로 텍스트를 입력한 후 선택 영역으로 지정합니다.	T
	T	Vertical Type Mask Tool(세로 문자 마스크 도구)	세로 방향으로 텍스트를 입력한 후 선택 영역으로 지정합니다.	T
18	►	Path Selection Tool(패스 선택 도구)	기준점, 방향선 및 방향점이 표시된 모양이나 선분 선택 영역을 만듭니다.	A
	►	Direct Selection Tool(직접 선택 도구)	기준점을 선택하여 패스를 수정합니다.	A
19	▢	Rectangle Tool(사각형 도구)	사각형을 만듭니다.	U
	◯	Ellipse Tool(타원 도구)	타원을 만듭니다.	U
	△	Triangle Tool(삼각형 도구)	삼각형을 만듭니다.	U
	⬡	Polygon Tool(다각형 도구)	다각형을 만듭니다.	U
	/	Line Tool(선 도구)	직선을 그립니다.	U
	☆	Custom Shape Tool(사용자 정의 모양 도구)	사용자 정의 모양 목록에서 선택하여 다양한 모양을 만듭니다.	U
20	✋	Hand Tool(손 도구)	작업 영역 안에서 이미지를 이동시킵니다.	H
	✋	Rotate View Tool(회전 보기 도구)	작업 중인 캔버스를 회전합니다.	R
	🔍	Zoom Tool(돋보기 도구)	이미지 보기를 확대하고 축소합니다.	Z

03 옵션 바는 [Tools] 패널에서 선택한 도구의 옵션을 설정할 수 있습니다. 예를 들어 [Brush Tool(브러시 도구)]의 경우 [Size(크기)], [Hardness(경도)], [Blend Mode(혼합 모드)]를 설정할 수 있습니다.

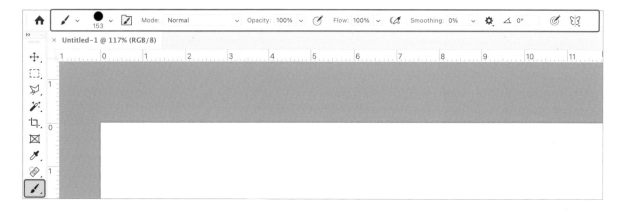

04 보조 패널은 [Tools] 패널의 도구와 함께 작업에 사용하는 보조 패널로 상단 [Window(창)]에서 목록을 확인할 수 있습니다. 필요에 따라 선택하여 패널에 표시합니다.

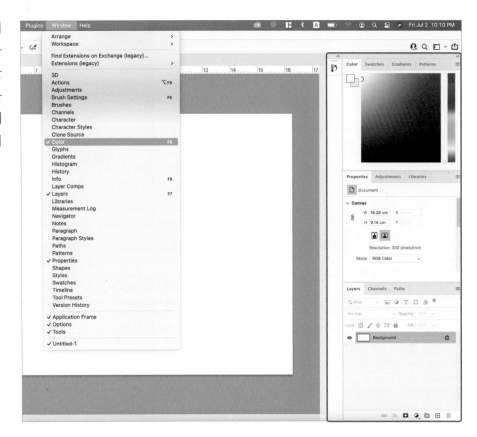

01 ›› 을 클릭하면 패널을 아이콘으로 축소할 수 있으며, ☰를 클릭하면 패널의 숨겨진 메뉴가 나타납니다.

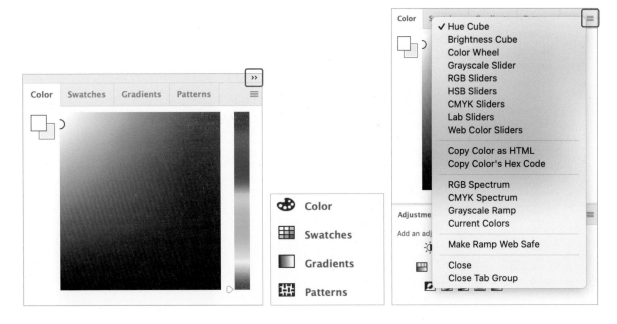

02 패널 이름이 적힌 탭을 드래그하여 패널을 이동시킬 수 있습니다.

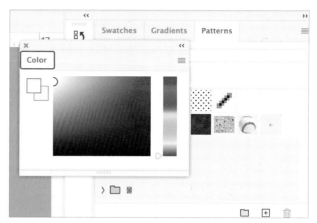

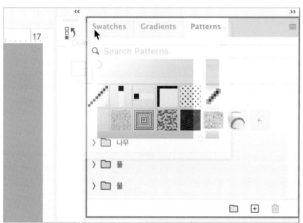

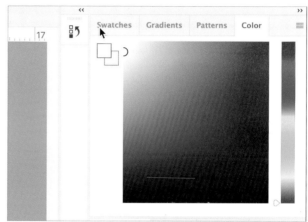

03 보편적으로 많이 사용하는 보조 패널은 [Character(문자)], [Character Styles(문자 스타일)], [Color(색상)], [History(작업 내역)], [Layers(레이어)], [Navigator(내비게이터)], [Paragraph Styles(단락 스타일)], [Swatches(색상 견본)], [Properties(속성)] 패널입니다.

- [Character]: [Type Tool]로 입력한 텍스트의 종류, 크기, 자간, 행간, 색상 등 서식을 설정하는 패널입니다.

- [Color]: 색상을 설정하는 패널입니다. 작업 중인 파일의 색상 모드와 상관없이 원하는 색상 모델의 슬라이더나 스펙트럼으로 색상을 설정할 수 있습니다.

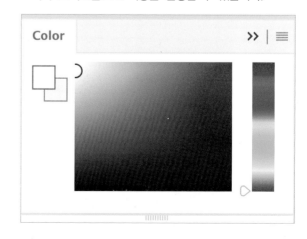

- [History]: 실행한 작업 내역을 기록하는 패널입니다. 작업 내역을 확인하고 해당 단계로 돌아갈 수 있어 포토샵 작업에서 필수로 사용합니다.

- [Navigator]: 작업 중인 파일의 이미지를 확인하고 화면을 확대 및 축소, 이동해볼 수 있는 패널입니다. 빨간색 사각형 안의 이미지가 현재 화면에 나타나고 있는 이미지입니다.

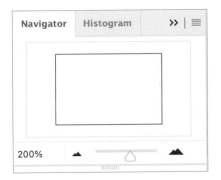

- [Layers]: 레이어를 관리하는 패널입니다. 레이어는 포토샵에서 가장 기본적인 요소로 마찬가지로 필수로 사용합니다. 레이어의 더 자세한 내용은 Part 02 – Chapter 03 레이어(p. 70)를 참고합니다.

- [Paragraph Styles]: [Type Tool]로 입력한 텍스트의 문단 서식을 설정하는 패널입니다. 정렬이나 들여쓰기, 간격 등을 설정할 수 있습니다.

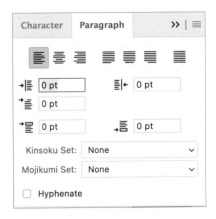

• [Swatches]: 자주 사용하는 색상을 등록하는 패널입니다. 색상을 프리셋으로 등록하여 한번에 확인하거나, 이미 만들어둔 프리셋을 불러올 수 있습니다.

• [Properties]: 파일의 속성을 빠르게 수정할 수 있는 패널입니다. [Color Mode(색상 모드)], [Rulers & Grids(눈금자 및 안내선)], [Guides(안내선)], [Image Size(이미지 크기)] 등을 클릭 한번으로 간편하게 적용할 수 있습니다.

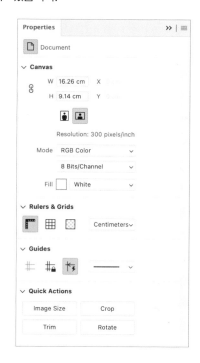

05 작업 영역은 파일을 생성하거나 불러올 때 사용하는 공간입니다. 파일명이 적힌 탭을 드래그하여 분리할 수 있습니다.

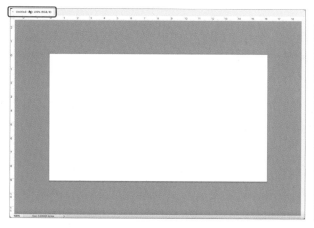

Special Tip 나만의 [Workspace] 등록하기

포토샵에서 기본으로 제공하는 [Workspace]를 활용할 수도 있지만 직접 패널의 종류, 사이즈와 위치를 조절하여 나만의 작업 영역을 설정하고 저장할 수 있습니다.

01 [Window(창)]에서 필요한 보조 패널을 선택하여 작업 영역에 추가합니다. 예를 들어 작업 내역을 살펴보기 위해 [History(작업 내역)] 패널을 추가합니다.

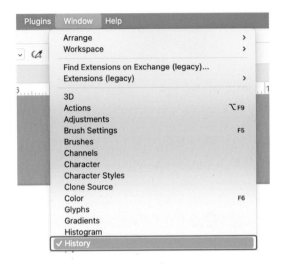

02 패널의 종류, 사이즈와 위치를 조절하여 작업하기에 편리한 화면을 구성합니다.

03 [Window] – [Workspace(작업 영역)] – [New Workspace(새 작업 영역)]를 클릭합니다.

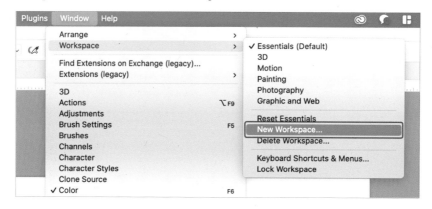

04 [New Workspace] 창이 나타납니다. [Name(이름)]에 등록할 작업 영역의 이름을 입력한 후 [Save(저장)]를 클릭하여 나만의 작업 영역을 저장합니다.

05 초기 상태로 돌아가고 싶다면 [Window] – [Workspace] – [Essentials (Default)(필수 기본값)]를 클릭한 후 [Reset Essentials(필수 재설정)]를 클릭합니다.

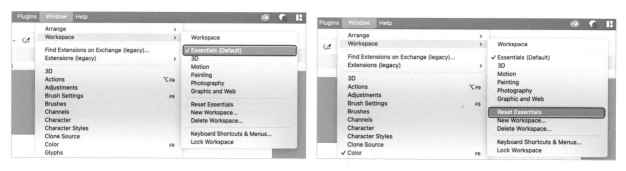

05 눈금자 및 안내선 살펴보기

안내선과 격자는 이미지의 수직과 수평을 맞추고 이미지의 위치를 조절하는 데 도움이 됩니다. 안내선을 생성하여 이동하고 제거할 수 있으며, 정확한 위치에 고정할 수도 있습니다. 작업 중에 사용했던 안내선은 이미지를 추출했을 때 나타나지 않습니다.

01 이미지 파일을 실행하고 [Window(창)] - [Properties(속성)] 패널을 표시합니다.

02 [Rulers & Grids(눈금자 및 안내선)]에서 눈금자와 안내선을 선택하면 작업 영역에 눈금자, 안내선이 나타납니다.

03 눈금자를 클릭한 후 이미지 방향으로 드래그하여 안내선을 생성합니다. 수평 안내선을 생성하고 싶다면 가로 눈금자에서, 수직 안내선을 생성하고 싶다면 세로 눈금자에서 안내선을 드래그하면 됩니다.

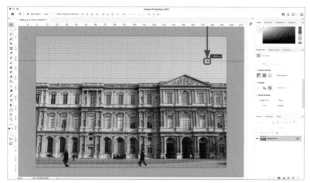 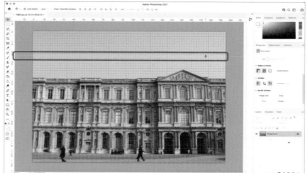

TIP

일정한 간격으로 안내선 생성하기

[View(보기)] − [New Guide Layout(새 안내선 레이아웃)]
을 클릭합니다. [Columns(열)]의 [Number(번호)]에 원하는
Column 수를 입력합니다. [OK(확인)]를 누르면 사이즈에 맞게
자동으로 안내선이 생성됩니다.

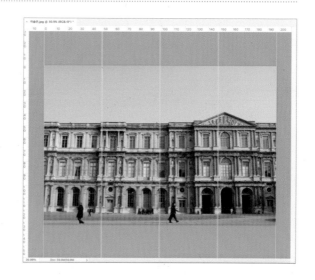

04 [Properties] − [Guides(안내선)]에서 ⊞를 선택하면 생성한 모든 안내선이 고
정됩니다. 한번 더 클릭하면 고정된 안내선의 잠금이 해제됩니다.

05 이미지 위의 안내선을 다시 눈금자로 드래그하면 안내선이 삭제됩니다.

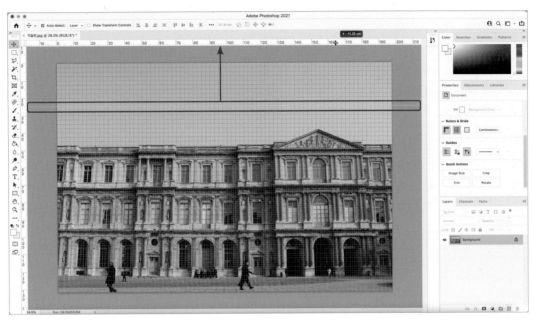

TIP

눈금자, 격자, 안내선 설정 변경하기

[Photoshop] – [Preferences(환경 설정)] – [Units & Rulers(단위와 눈금자)]를 클릭합니다. [Column Size(단 크기)]에서 격자의 단위를 조절할 수 있습니다. [Guides, Grids & Slices(안내선, 격자 및 분할 영역)]에서는 안내선의 종류나 색을 변경할 수 있습니다.

02

짧게 배워 길게 써먹는
포토샵 핵심 기능 ①

이미지 변형하기

포토샵에서 이미지의 크기를 다양한 방법으로 조절하는 것은 물론, 이미지를 자르거나 수평 수직을 맞춰 간단하게 이미지를 조정할 수 있습니다. [Image Size]와 [Canvas Size]를 변경하고 [Crop Tool], [Straighten]을 통해 이미지를 변형해봅니다.

01 이미지 불러오기 및 화면 크기 조절하기

새로운 이미지를 열어 포토샵 파일을 만들고 작업이 수월하도록 화면의 크기를 조절해봅니다.

[예제 파일] 바다.jpg

01 포토샵 프로그램을 실행합니다. [Open(열기)]을 클릭합니다.

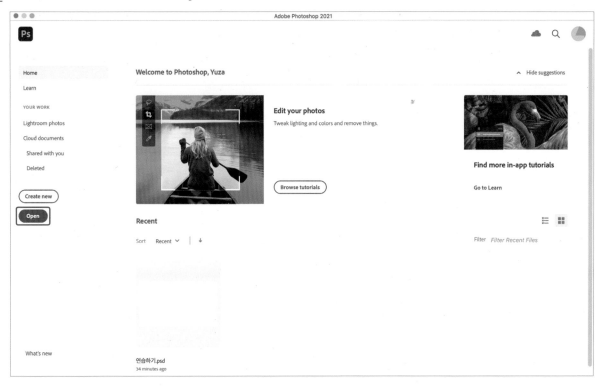

02 바다.jpg 파일을 선택하여 [Open]을 누릅니다.

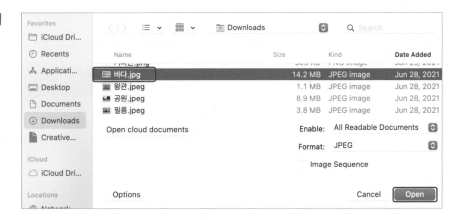

03 이미지 파일을 열면 이미지 이름으로 포토샵 파일이 생성됩니다. 바다.jpg 포토샵 파일이 열린 것을 확인합니다.

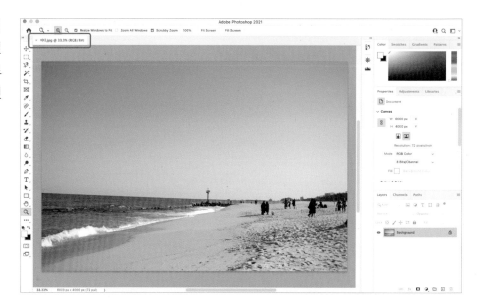

04 [Zoom Tool(돋보기 도구)]을 선택하고 이미지를 더블클릭하면 50%, 100%, 300%와 같이 일정 비율로 조정됩니다. 100% 비율에서는 이미지의 원본 크기대로 볼 수 있습니다.

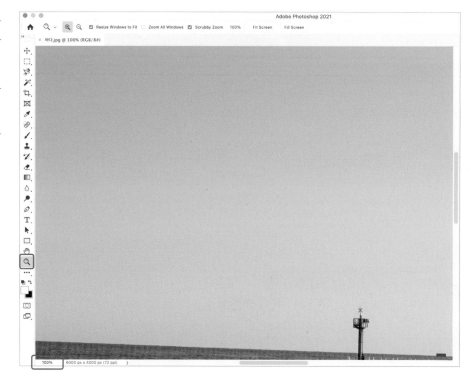

05 [Hand Tool(손 도구)]을
선택하고 이미지를 선택하여
드래그하면 화면을 이동시킬
수 있습니다. 작업 영역의
스크롤바나 노트북의 트랙패
드, 마우스를 통해서도 화면
이동이 가능합니다.

06 옵션 바 [100%], [Fit
Screen(화면 맞추기)], [Fill
Screen(화면 채우기)] 버튼을
누르면 각 버튼의 이름에 알
맞게 화면의 크기와 비율이
자동으로 조절됩니다.

02 [Image Size] 변경하기

[Image Size] 창을 통해 이미지 사이즈를 직접 변경하는 방법을 학습합니다.

예제 파일 바다.jpg

01 바다.jpg 파일을 실행합니다.

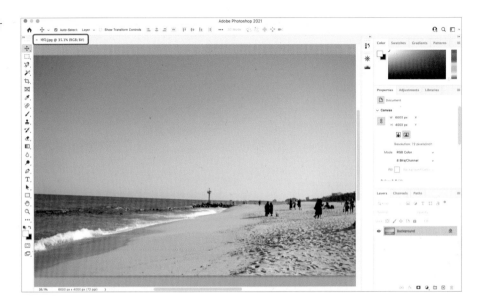

02 상단 메뉴에서 [Image(이미지)] − [Image Size(이미지 크기)]를 선택합니다.

03 [Image Size] 창에는 이미지 크기에 대한 정보가 나타납니다. 현재 이미지의 크기는 6000px × 4000px입니다.

04 [Width(폭)]과 [Height(높이)]의 단위를 [Centimeters(센티미터)]에서 [Pixels(픽셀)]로 변경합니다.

05 폭을 1000px로 변경하면 비율에 맞춰 높이도 변경됩니다. 만약 높이가 제대로 변경되지 않는다면 폭과 높이의 좌측에 있는 🔗이 활성화되어 있는지 다시 한번 확인합니다. 🔗은 폭과 높이의 비율이 유지되도록 연결하는 기능입니다. 폭과 높이 설정을 마치면 [OK(확인)]를 누릅니다.

06 이미지가 작게 줄어든 것을 확인할 수 있습니다. 작업에 불편함이 없도록 Cmd/Ctrl + ➕를 누르거나 [Zoom Tool(돋보기 도구)], [Hand Tool(손 도구)]을 이용해 화면을 확대합니다.

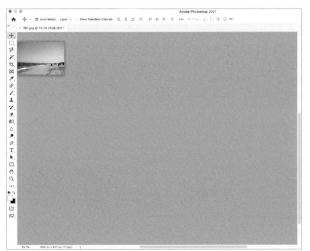 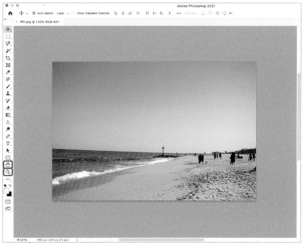

03 [Canvas Size] 변경하기

[Canvas]는 이미지를 편집할 수 있는 영역을 의미합니다. 이미지가 있는 [Canvas]의 크기를 늘리면 여백이 생기고 [Canvas]의 크기를 줄이면 이미지의 일부가 잘립니다. 크기를 조절하며 [Canvas]의 속성을 이해합니다.

예제 파일 산.jpg 완성 파일 산_완성.png, 산_완성.psd

01 포토샵을 실행하고 [Create new(새로 만들기)]를 누릅니다.

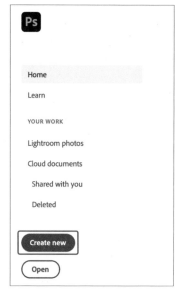

02 [New Document(새로 만들기 문서)] 창에서 [Photo(사진)] – [Default Photoshop Size(기본 Photoshop 크기)]를 선택합니다. 제목을 설정한 후 [Create(만들기)]를 누릅니다.

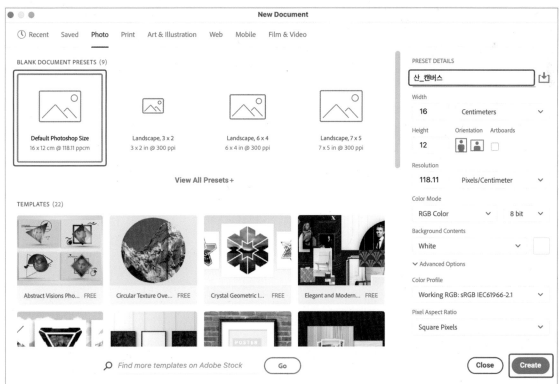

03 포토샵 파일에 새 캔버스를 생성합니다.

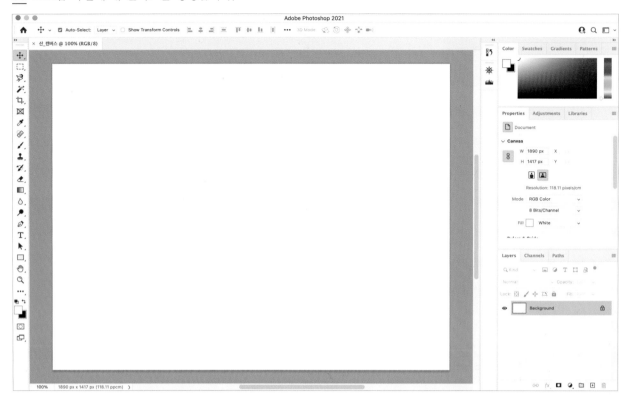

04 [File(파일)] – [Place Embedded(포함 가져오기)]를 누릅니다.

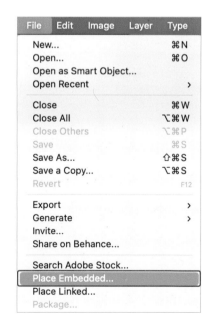

05 산.jpg 파일을 선택하고 [Place(가져오기)]를 누릅니다.

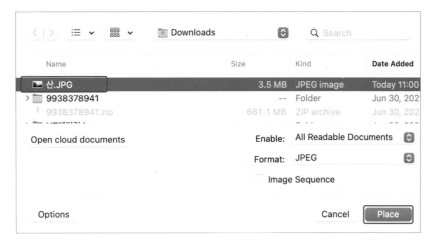

06 캔버스에 가져온 이미지를 확인하고 상단의 체크 아이콘을 선택하거나 Enter를 누르면 이미지가 포함됩니다.

07 [Image(이미지)] - [Canvas Size(캔버스 크기)]를 선택합니다.

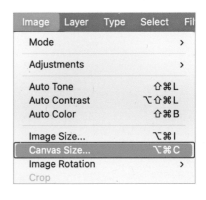

08 [Canvas Size] 창이 나타나면 캔버스의 [Current Size(현재 크기)]를 확인할 수 있습니다. [New Size(새로운 크기)]에서 폭과 높이의 값을 각각 1000 Pixels(픽셀)로 조정합니다. [Anchor(기준)]는 캔버스의 크기를 변경할 때 기준이 되는 위치로, 화살표 방향으로 크기가 늘어나거나 줄어듭니다. 정중앙을 기준으로 캔버스 크기를 조절하기 위해서는 별도로 기준을 선택하지 않고 그대로 [OK(확인)]를 누릅니다.

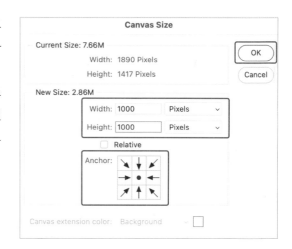

09 새 캔버스의 크기가 현재 캔버스 크기보다 작아 이미지의 일부가 잘릴 수 있다는 경고창이 나타납니다. [Proceed(계속)]를 누릅니다.

10 캔버스의 크기가 변경됩니다. 변경된 캔버스 크기에 따라 이미지의 일부 또한 잘린 것을 확인할 수 있습니다.

04 [Crop Tool]로 이미지 자르기

[Crop Tool]을 활용하여 이미지의 일부를 잘라 정사각형 비율의 이미지를 만들어봅니다.

예제 파일 왕관.jpg   완성 파일 왕관_완성.psd, 왕관_완성.png

01 왕관.jpg 파일을 열어 새 파일을 생성합니다.

02 이미지를 확인하고 [Crop Tool(자르기 도구)]을 선택합니다.

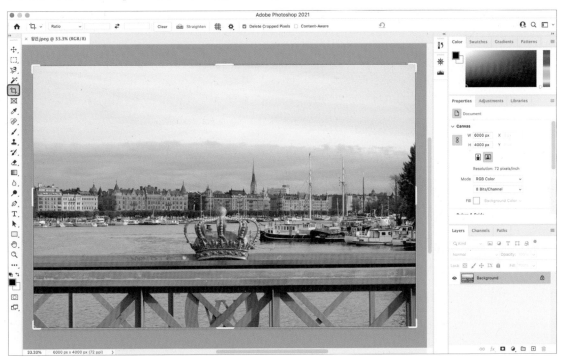

03 이미지를 자를 수 있는 자르기 상자가 이미지 위에 나타납니다. 자르기 상자의 모서리를 드래그하여 이미지에서 자르고자 하는 부분만큼 조절합니다. 옵션 바에 나타난 ✓을 선택하거나 ⒠ⓝⓣⓔⓡ를 눌러 이미지를 자릅니다.

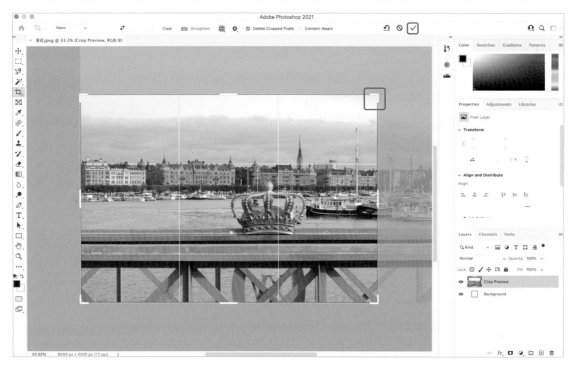

04 [Crop Tool]을 활용하여 자유롭게 이미지를 잘라봤다면, 이번에는 비율에 맞춰 이미지를 잘라봅니다. 옵션 바의 [Ratio(비율)]를 [1:1(Square) (1:1 (정사각형))]로 설정합니다.

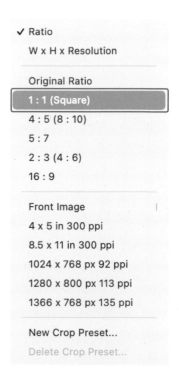

05 비율을 설정한 후 자르기 상자의 모서리를 드래그하면 1:1 비율에 맞출 수 있습니다. 1:1 비율에 맞춰 자르기 상자를 조절한 후, ✓을 선택하거나 (Enter)를 누릅니다.

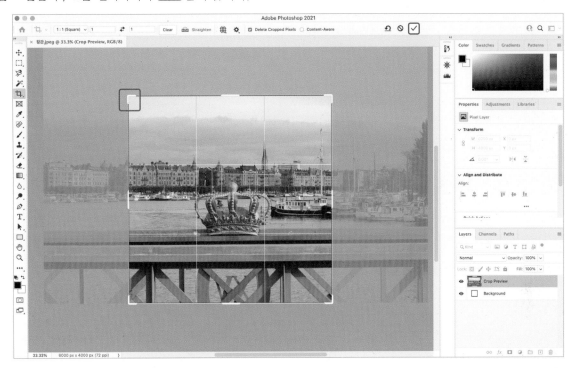

06 이미지가 1:1 비율에 맞춰 잘린 것을 확인합니다.

05 [Straighten]으로 수평과 수직 바로잡기

[Crop Tool]을 이용해 직접 이미지를 회전시키거나 [Straighten] 기능으로 이미지 속 요소에 맞춰 수평을 빠르게 조절할 수 있습니다.

예제 파일 공원.png   완성 파일 공원_완성.png, 공원_완성.psd

01 공원.png 파일을 실행합니다.

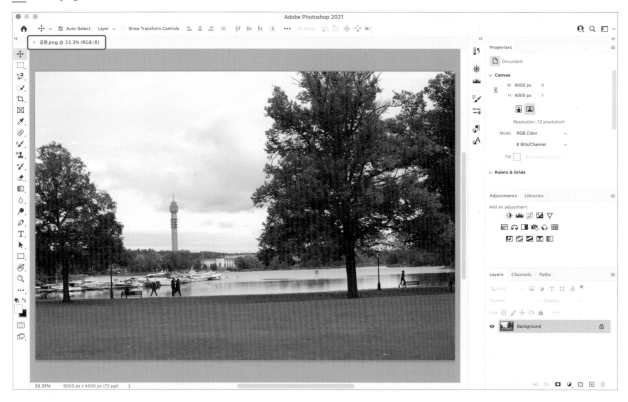

02 [Crop Tool(자르기 도구)]을 선택한 후, 자르기 상자 모서리의 밖에 마우스를 올리면 마우스 커서가 둥근 화살표 모양으로 변경됩니다. 이는 이미지를 회전할 수 있다는 뜻으로, 그 상태에서 드래그하면 원하는 각도만큼 이미지를 기울일 수 있습니다. 각도를 조절하여 수평을 맞춥니다.

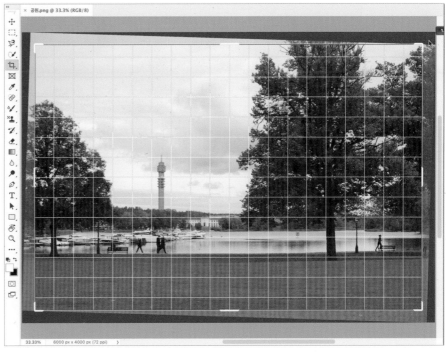

03 Cmd/Ctrl + Z를 누르면 이전 작업 내역으로 돌아갑니다. 뒤로 돌아가서 이번에는 자동으로 수평을 조절해보겠습니다. [Crop Tool]이 선택된 것을 확인하고 옵션 바에 있는 [Straighten(똑바르게 하기)]을 누릅니다. [Straighten]은 이미지 안에서 가로나 세로 선을 지정한 후 이에 맞춰 수평이나 수직을 바로잡을 수 있는 기능입니다.

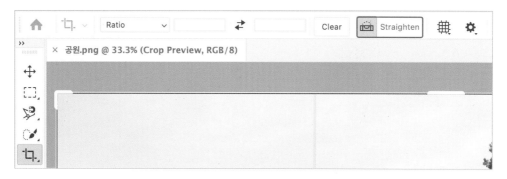

04 이미지에서 잔디밭과 호수의 경계선에 맞춰 수평을 조절하기 위해 이미지 중앙에 보이는 경계선을 드래그합니다.

05 드래그하면 이미지의 수평이 자동으로 조절된 것을 확인할 수 있습니다. 각도를 확인한 후 상단 ✓을 선택하거나 Enter를 누릅니다.

06 이미지 각도가 조절되면서 수평에 맞지 않는 가장자리가 제거됩니다.

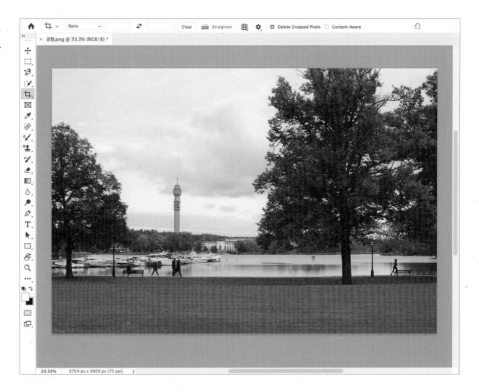

02

선택 영역 이해하기

선택 영역을 설정하면 이미지 안에서 원하는 개체 외의 배경을 지워 다양한 방식으로 이미지를 변형할 수 있습니다. [Magic Wand Tool], [Magnetic Lasso Tool], [Quick Mask] 세 가지 방법으로 선택 영역을 설정하는 방법을 배워봅니다.

01 [Magic Wand Tool]로 배경 제거하기

[Magic Wand Tool]은 비슷한 색상을 한번에 선택할 수 있어 배경과 피사체의 색상 구분이 뚜렷할 때 유용합니다.

예제 파일 강아지.jpg   **완성 파일** 강아지_완성.png

01 강아지.jpg 파일을 실행 합니다.

02 [Layers(레이어)] 패널에 서 'Background' 레이어 옆에 있는 🔒을 클릭하여 일반 레 이어로 변환합니다. 🔒에 대 한 자세한 내용은 Part 02 − Chapter 03 − Section 01 레 이어 이해하기(p.71)를 참고 합니다.

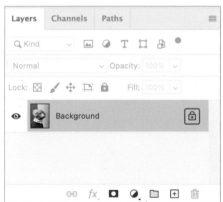
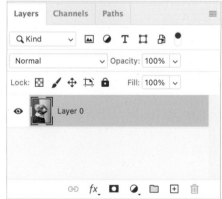

03 [Magic Wand Tool(자동 선택 도구)]을 선택합니다.

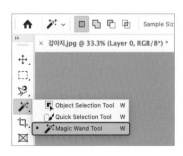

04 [Magic Wand Tool]로 이미지의 배경 부분을 클릭합니다. [Shift]를 누르고 추가로 선택할 영역을 클릭하여 최대한 배경에 해당하는 모든 부분을 선택합니다.

05 [Magic Wand Tool]을 사용하더라도 머리카락이나 털이 있는 개체처럼 경계가 흐릿하면 완벽하게 개체를 선택하기 어렵습니다. 그러나 선택 영역을 더하거나 빼서 세부적으로 조정할 수 있습니다. 먼저, 강아지의 목 부분에 있는 레이스의 선택 영역을 빼보겠습니다. [Magic Wand Tool]를 선택한 채 Opt /Alt를 누르고 선택되지 않아야 하는 영역을 마우스로 클릭합니다.

06 한번 클릭할 때 선택되는 영역의 범위가 너무 작다면, 옵션 바의 [Sample Size(샘플 크기)]를 [5 by 5 Average(5 × 5 평균값)]로 변경하면 좀 더 빠르게 지울 수 있습니다.

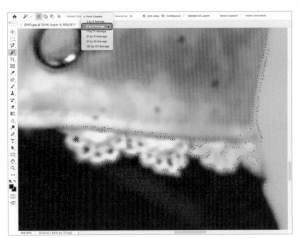
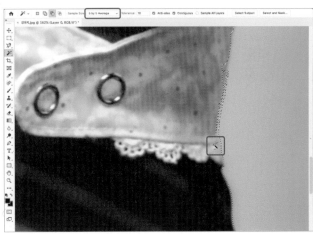

07 반대로 선택 영역을 더할 수도 있습니다. 배경에서 충분히 선택되지 않은 부분은 (Shift)를 누르고 마우스를 클릭하여 선택 영역을 정돈합니다.

08 깨끗하게 선택 영역이 설정되었는지 확인합니다.

09 (Delete)를 누르면 강아지 개체만 남고 선택 영역 배경이 제거됩니다.

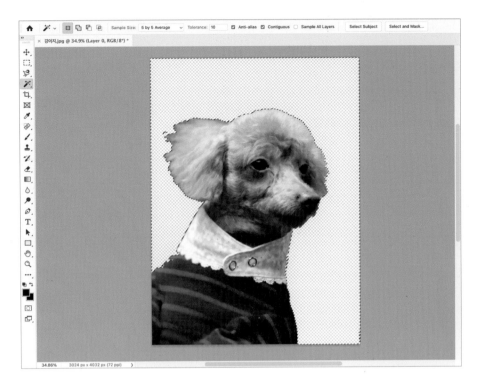

10 [File(파일)] – [Export(내보내기)] – [Export As(내보내기 형식)]를 선택합니다.

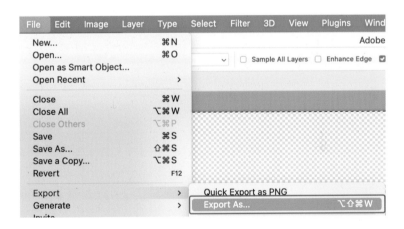

11 [Export As] 창에서 이미지 추출 결과를 미리 볼 수 있습니다. [File Settings(파일 설정)]의 [Format(형식)]이 [PNG]로 선택되어 있는지, [Transparency(투명)]가 체크되어 있는지 확인한 후 [Export]를 누릅니다.

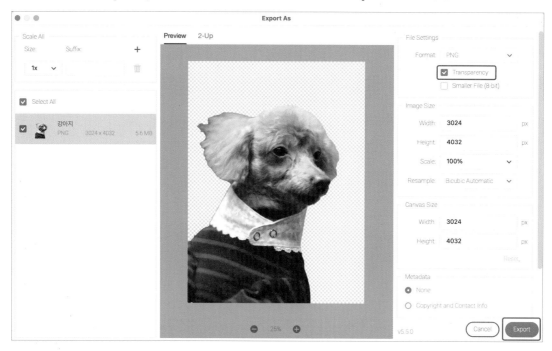

12 파일명과 저장 위치를 설정한 후 [Save(저장)]를 누릅니다.

13 배경이 제거되고 강아지 개체만 남은 이미지가 완성되었습니다.

TIP

Object Selection Tool(개체 선택 도구)

[Object Selection Tool]은 Photoshop 2020 CC 버전에서 추가된 새로운 기능입니다. 인물, 자동차, 동물 등 특정 개체의 주변에 사각형 영역을 그리면 개체만 자동으로 선택됩니다. 개체가 아닌 배경을 지우기 위해서는 Cmd/Ctrl + Shift + I 를 눌러 선택 영역을 반전시킨 후 Delete 를 누릅니다.

[Magnetic Lasso Tool]로 개체 복제하기

[Magnetic Lasso Tool]은 개체의 테두리가 복잡할 때 유용하게 사용할 수 있는 도구입니다. 개체의 테두리를 따라 마우스 커서를 움직이면 배경의 대비를 감지하여 개체의 형태에 맞게 올가미가 생성됩니다.

예제 파일 커피.jpg 완성 파일 커피_완성.png, 커피_완성.psd

01 커피.jpg 파일을 실행합니다.

02 [Magnetic Lasso Tool(자석 올가미 도구)]을 선택합니다.

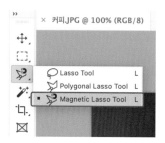

03 [Magnetic Lasso Tool]로 커피의 바닥 부분에 시작점을 찍습니다. 커피잔의 테두리를 따라 그리면 커피잔 형태에 맞게 올가미가 생성됩니다. 올가미를 지우고 싶다면 Esc 를 누른 후 다시 처음부터 올가미를 그립다.

04 올가미를 완성한 후 마우스에서 손을 떼면 올가미 형태로 선택 영역이 표시됩니다.

05 [Layers(레이어)] 패널에서 'Background' 레이어를 더블클릭하면 [New Layer(새 레이어)] 창이 나타납니다. [OK(확인)]를 눌러 일반 레이어인 'Layer 0'으로 만듭니다.

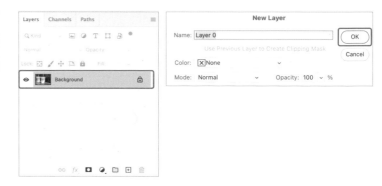

06 커피잔에 만들어진 선택 영역을 확인한 상태에서 Cmd/Ctrl + J를 누르면 커피잔만 추출된 'Layer 1'이 [Layers] 패널에 복사됩니다.

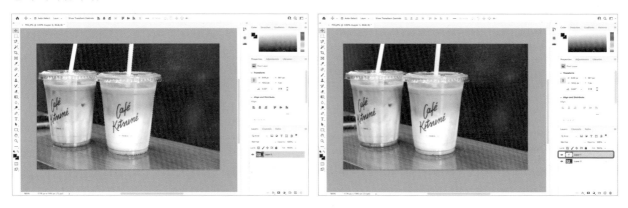

07 [Layers] 패널의 'Layer 1'을 선택한 상태에서 복사한 커피잔을 [Move Tool(이동 도구)]을 이용하여 오른쪽으로 이동합니다.

08 [Properties(속성)] 패널의 [Transform(변형)]에서 복사한 커피잔의 폭을 900px로 변경합니다. ⬚이 활성화되어 있어 높이도 자동으로 변경되었는지 확인한 후, 크기를 변경한 커피잔을 [Move Tool]로 선택하여 적절한 위치로 이동합니다. 완성된 이미지를 확인합니다.

03

[Quick Mask]를 이용하여 선택 영역의 색상 변경하기

[Quick Mask] 모드에서 브러시로 선택 영역을 만든 후 색상을 변경해봅니다. 이미지 안에서 일부분만 선택하여 변경할 때 사용할 수 있는 방법입니다.

예제 파일 디저트.jpg 완성 파일 디저트_완성.png

01 디저트.jpg 파일을 실행합니다.

02 도구 패널 하단에서 [Quick Mask(빠른 마스크)]를 눌러 활성화합니다. [Quick Mask]가 활성화되면 파일명 옆에도 Quick Mask가 표기됩니다.

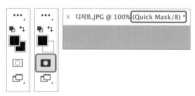

03 [Brush Tool(브러시 도구)]를 선택합니다.

04 브러시의 옵션을 조절합니다. [Size(크기)]는 80px, [Hardness(경도)]는 100%, 브러시 종류는 [General Brushes(일반 브러시)] - [Hard Round(선명한 원)]를 선택합니다.

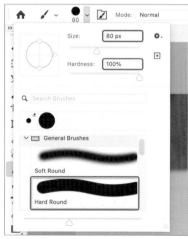

05 [Brush Tool]로 디저트가 담긴 접시의 테두리를 따라 칠합니다. 먼저 테두리를 그려 형태를 잡아준 후 내부를 브러시로 칠합니다. 튀어나온 부분은 추후에 지울 수 있기 때문에 충분히 칠하는 것이 중요합니다.

06 브러시로 칠한 부분을 섬세하게 조정하기 위해 [Eraser Tool(지우개 도구)]을 선택합니다.

07 지우개의 옵션을 조절합니다. [Size]는 20px, [Hardness]는 100%, 브러시 종류는 [General Brushes] − [Hard Round]를 선택합니다.

08 화면을 확대하고, 브러시로 칠한 부분 중 튀어나온 부분을 [Eraser Tool]로 지웁니다.

09 다시 [Quick Mask] 아이콘을 눌러 비활성화하면 빨간 브러시로 칠한 부분이 선택 영역으로 표시됩니다.

10 [Image(이미지)] – [Adjustments(조정)] – [Hue/Saturation (색조/채도)]을 선택합니다.

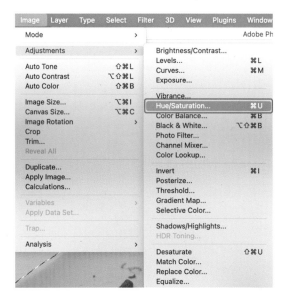

11 디저트 색상이 노란빛을 띠도록 색조와 채도의 값을 조정합니다. 각각 [Hue] +14, [Saturation] +49, [Lightness(밝기)] −5로 조정하고 [OK(확인)]를 누릅니다.

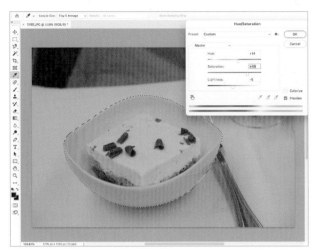
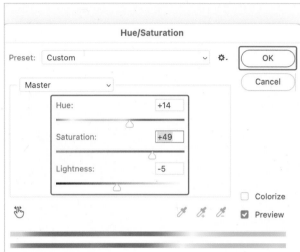

12 Cmd/Ctrl + D를 눌러 선택 영역을 해제하고 완성된 이미지를 확인합니다.

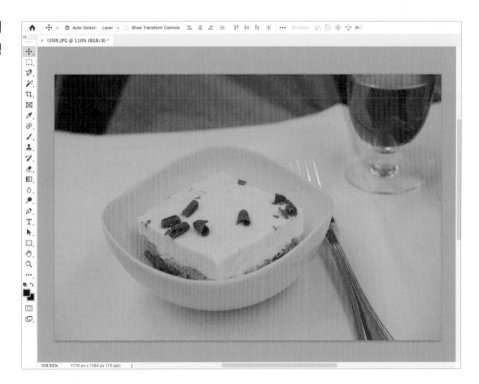

레이어

포토샵의 필수 요소인 레이어에 대해 학습합니다. 레이어 조작 시 알아야 할
도구와 기능을 파악하고, 레이어를 활용해 마스크를 씌우고 이미지의 형식을
변경하는 방법까지 알아봅니다.

01 레이어 이해하기

레이어는 이미지들의 각 층을 의미합니다. 한 이미지를 구성할 때 하나의 레이어로 구성할 수도 있지만 이미지를 구성하는 요소들이 다양해지고 이를 각각 관리해야 할 경우, 다양한 레이어가 하나의 이미지를 구성하기도 합니다.

레이어

레이어는 투명한 유리판과 같습니다. 레이어의 투명한 부분을 통해서 아래에 있는 레이어까지 볼 수 있고, 이러한 특성을 활용해 여러 레이어를 합쳐서 하나의 이미지를 만들 수 있습니다. 우측 이미지는 텍스트와 이미지가 있는 하나의 이미지로 보이지만 사실은 문자 레이어, 이미지 레이어, 배경 레이어, 총 3개의 레이어로 이루어진 이미지입니다.

레이어를 분리하여 작업할 경우, 레이어를 각각 수정할 수 있기 때문에 원본을 유지하면서 자유롭게 작업할 수 있다는 장점이 있습니다. 위 이미지에서 텍스트 색상을 바꿔야 하는 경우에는 문자 레이어만 선택하여 색을 바꿔주면 되고, 이미지의 크기를 변경할 때는 이미지 레이어만 선택하여 사이즈를 변경하면 됩니다.

배경 레이어

[Layers(레이어)] 패널의 'Background' 레이어를 배경 레이어라고 합니다. jpg 형식이나 bmp 형식의 파일을 불러올 경우, 혹은 포토샵에서 새 파일을 만들 경우 배경 레이어가 기본으로 생성됩니다.

배경 레이어는 기본적으로 잠금 설정되어 있기 때문에 위치 이동이나 형태 변형, 순서 변경, 레이어 스타일 설정 등 일부 작업이 불가합니다. 잠금 설정되어 있는 배경 레이어를 일반 레이어로 변환하기 위해서는 [Layer(레이어)] – [New(새로 만들기)] – [Layer from Background(레이어에서 배경 가져오기)] 혹은 🔒을 클릭합니다.

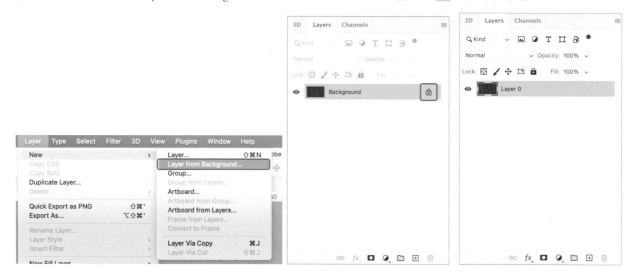

[Smart Object(고급 개체)] 레이어

포토샵에서 일반적으로 사용하는 레이어는 비트맵 방식의 레이어로, 이미지 크기를 줄였다가 다시 늘리면 해상도가 저하되어 이미지의 화질이 나빠집니다.

이런 상황에서 해상도 저하 없이 이미지를 활용하려면 [Smart Object] 레이어를 활용합니다. [Smart Object] 레이어는 벡터 방식의 레이어로 이미지 크기를 줄였다가 늘려도 해상도가 깨지지 않는다는 장점이 있습니다.

일반 레이어를 [Smart Object] 레이어로 변환하기 위해서는 레이어를 선택한 후 마우스 오른쪽 버튼을 클릭하여 [Convert to Smart Object(고급 개체로 변환)]를 선택합니다. 레이어에 모양이 생성되면서 [Smart Object] 레이어로 변환됩니다. 혹은 [File(파일)]-[Place Embedded(포함 가져오기)]를 통해 이미지를 불러오면 고급 개체 레이어로 이미지가 열립니다.

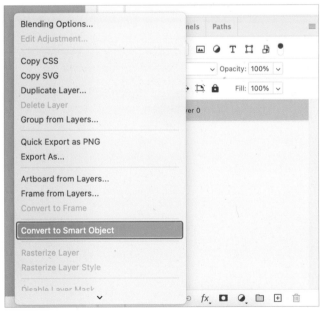

02

[Layers] 패널 이해하기

[Layers] 패널은 다양한 기능을 포함하고 있습니다. [Layers] 패널을 자세히 살펴보며 레이어를 사용하는 방법에 대해 알아봅니다.

01 [Layers(레이어)] 패널에서는 레이어 필터링, 혼합 모드, 투명도 조절, 레이어 스타일 등을 설정할 수 있습니다.

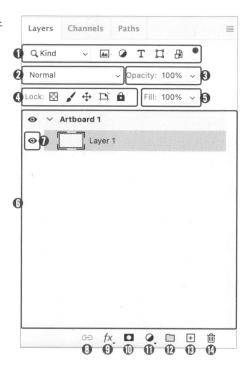

❶ 레이어 필터링

왼쪽의 카테고리에 따라 원하는 레이어를 필터링할 수 있습니다. 이름, 유형, 효과, 모드, 특성 또는 색상 레이블을 기준으로 설정할 수 있습니다.

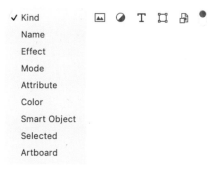

❷ [Blend Mode(혼합 모드)]

[Blend Mode]는 두 개 이상의 레이어를 합성할 때 사용하는 기능입니다. Dissolve(디졸브), Darken(어둡게 하기), Multiply(곱하기) 등 총 25개의 효과가 있습니다. 이에 대한 더 자세한 설명은 Part 03 – Chapter 03 조정(p.143)을 참고합니다.

❸ [Opacity(투명도)] 조절

레이어 전체의 [Opacity]를 조절할 수 있습니다. 기본값은 100으로 설정되어 있으며 값이 낮아질수록 레이어는 더 투명해집니다.

❹ 레이어 잠그기

현재 선택된 레이어를 완전히 혹은 부분적으로 원하는 부분을 선택 후 수정하지 못하도록 설정할 수 있는 기능입니다.

- 투명 픽셀 잠그기: 레이어의 불투명한 부분의 편집이 제한됩니다.
- 이미지 픽셀 잠그기: 페인팅 도구로 레이어의 픽셀을 편집하지 못하도록 제한됩니다.
- 위치 잠그기: 레이어의 위치를 이동할 수 없도록 제한됩니다.
- 전체 잠그기: 레이어의 모든 속성이 편집되지 않도록 제한됩니다.

❺ 칠 투명도 조절

칠 투명도 조절은 3번의 투명도 조절과는 다르게 레이어 안의 오브젝트에만 투명도 조절이 적용되고 해당 오브젝트에 부여된 효과(그림자 효과, 획 등)에는 투명도 조절이 적용되지 않습니다.

❻ 레이어

현재 이미지에 포함되어 있는 레이어와 그룹들을 확인할 수 있습니다.

❼ 레이어 활성화

레이어를 표시하거나 감출 수 있는 버튼입니다. 레이어를 삭제하는 것이 아니라 일시적으로 비활성화시키는 것이기 때문에 버튼을 반복적으로 눌러 활성화 여부를 설정해줄 수 있습니다.

❽ 레이어 연결

두 개 이상의 레이어나 그룹을 선택하여 연결시킬 수 있습니다. 연결된 레이어에 대해 변형을 가할 경우, 함께 연결된 모든 레이어들에 동일한 변형이 적용됩니다.

❾ 레이어 스타일

현재 선택한 레이어에 대해 경사와 엠보스, 획, 내부 그림자, 광선 등 스타일을 편집할 수 있습니다. 레이어 스타일에 대한 자세한 내용은 Part 03 – Chapter 01 – Section 05 [Layer Style]로 텍스트 꾸미기(P. 109)를 참고합니다.

⑩ 레이어 마스크

현재 선택한 레이어에 대해 마스크를 생성할 수 있습니다. 레이어 마스크는 원본 레이어를 보호하면서 이미지를 편집할 수 있는 기능입니다. 레이어 마스크를 활용하여 레이어의 일부분을 보이거나 보이지 않게 설정할 수 있습니다.

TIP

레이어 마스크를 사용하는 이유

레이어는 편집 및 합성 작업에서 가장 많이 사용하는 기능입니다. [Selection Tool(선택 도구)]로 선택한 후 [Eraser Tool(지우개 도구)]로 레이어를 지우는 방법도 있지만, 이렇게 작업할 경우 원본 레이어를 직접 편집하기 때문에 추후 수정이 필요할 때 원본 상태로 돌리지 못한다는 한계가 있습니다. 따라서 이러한 단점을 보완하기 위해 레이어 마스크를 활용합니다.

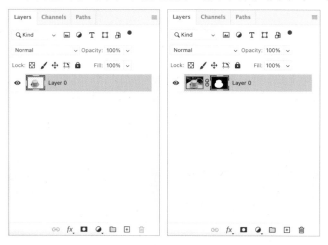

레이어 마스크는 흰색에서 검은색까지 회색 색조로만 칠할 수 있습니다. 레이어 마스크를 적용한 후 흰색(ffffff)으로 칠하면 원본 이미지가 나타나며, 검은색(000000)으로 칠하면 원본 이미지가 가려져 보입니다. 회색으로 칠할 경우 밝기에 따라 단계별로 투명도가 적용되어 나타납니다. 다시 말하면, 흰색으로 칠하면 원본 이미지가 복구되는 것처럼 보이고, 검은색으로 칠하면 원본 이미지가 지워지는 것처럼 보인다고 생각하면 이해하기 쉽습니다.

⑪ 칠/조정 레이어

현재 선택한 레이어에 대해 칠/조정 레이어를 생성하여 색상, 밝기, 채도 등의 보정 기능을 활용할 수 있습니다.

⑫ 새 그룹 생성

하나 이상의 레이어에 대해 그룹을 생성하여 그룹을 단위로 레이어를 관리할 수 있습니다. 추후에 레이어의 양이 관리하기 힘들 정도로 늘어난 경우, 같은 작업의 단위로 레이어를 그룹화 시켜주어 편리하게 관리할 수 있습니다.

⑬ 새 레이어 생성

새로운 레이어를 생성할 수 있습니다.

⑭ 레이어 삭제

필요하지 않은 레이어를 선택 후 삭제할 수 있습니다.

TIP

레이어를 재활용하기 위한 저장 포맷 설정

포토샵 파일에 레이어 별로 작업을 하고 저장한 뒤 추후에 레이어를 활용하여 작업을 다시 하고 싶은 경우에는 반드시 psd 파일로 저장해야 합니다. 만약에 이미지 파일(jpg, png 등)로 파일을 추출하고 psd 파일로 저장하지 않는 경우, 모든 레이어가 하나로 합쳐진 이미지 파일만 남아있기 때문에 레이어의 일부분만 수정하는 작업을 할 수 없습니다.

Special Tip 다른 캔버스의 레이어 가져오기

다른 캔버스에 있는 레이어를 가져오는 방법을 배워봅니다.

<code>예제 파일</code> 나무.jpg, 송신탑.jpg <code>완성 파일</code> 레이어가져오기_완성.psd

01 나무.jpg 파일과 송신
탑.jpg 파일을 함께 실행합
니다.

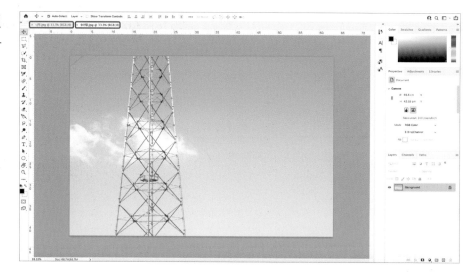

02 [Move Tool(이동 도구)]을 클릭한 후 송신탑.jpg 파일의 탭을 선택하여 아래로 드래그합니다. 레이어가 작업 영역
에서 별도의 창으로 분리됩니다.

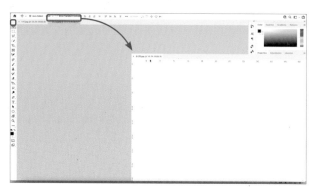 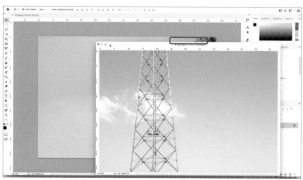

03 송신탑.jpg 파일을 클릭한 채로 나무.jpg 파일로 드래그 앤 드롭합니다. 레이어가 이동하면서 송신탑.jpg 파일이 나무.jpg 파일의 'Layer 1'으로 변환됩니다.

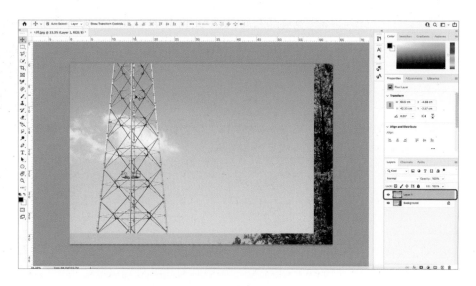

04 'Layer 1'을 클릭하고 이미지의 위치를 적절히 이동합니다. 이후 [Layers(레이어)] 패널에서 [Blend Mode(혼합 모드)]를 [Darker Color], [Opacity(불투명도)]를 65로 조절하면 이미지가 자연스럽게 합성됩니다

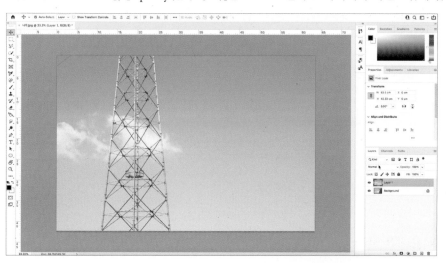

05 완성된 이미지를 확인합니다.

레이어의 사이즈 조절, 이동, 순서 변경, 복제, 회전을 통해 다양한 방식으로 이미지를 합성하고 조정할 수 있습니다. 하나의 완성된 이미지를 만들어보며 앞에서 배운 레이어 활용법을 익힙니다.

예제 파일 바다_배경.jpg, 폴라로이드틀.png, 에펠탑.jpg, 파리_레터링.png　완성 파일 레이어활용_완성.psd, 레이어활용_완성.png

01 바다_배경.jpg 파일을
실행합니다.

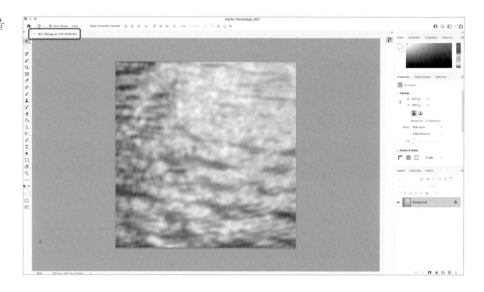

02 이미지 불러오기

01 [File(파일)]-[Place Embedded(포함 가져오기)] 메뉴를 선택합니다.

02 폴라로이드틀.png 파일을 불러온 후 Enter를 눌러 이미지를 포함합니다.

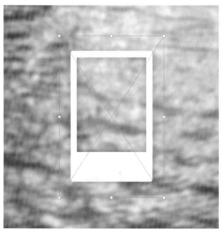
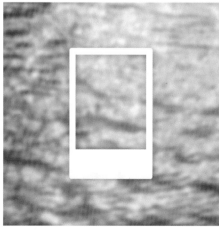

03 다시 한번 [File]-[Place Embedded] 메뉴를 선택하여 에펠탑.jpg 파일을 불러옵니다.

03 레이어 사이즈 조절하기

01 레이어의 모서리 조절점에 마우스를 올리면 커서 모양이 바뀝니다.

02 Shift + Opt/Alt를 누르고 레이어의 모서리 조절점을 클릭 후 드래그하여 이미지의 중심을 기준으로 사이즈를 조절합니다.

03 사이즈 조절이 끝나면 Enter를 눌러 완료합니다.

TIP

이미지 비율 유지하면서 사이즈 조절하기

Shift를 누르고 드래그를 하면 이미지의 현재 비율을 유지하면서 사이즈 조절을 할 수 있고, Shift + Opt/Alt를 누르고 드래그를 하면 현재 비율을 유지하면서 이미지의 중심을 기준으로 사이즈 조절을 할 수 있습니다. 만약 키를 누르지 않고 조절할 경우에는 비율이 전혀 보장되지 않은 상태에서 이미지가 변형됩니다.

04 레이어 선택하기

01 [Move Tool(이동 도구)]을 선택합니다.

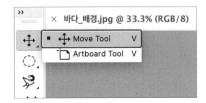

02 [Layers(레이어)] 패널에서 '에펠탑' 레이어를 클릭하여 선택합니다.

TIP

레이어 동시 선택하기

Cmd/Ctrl을 누르고 레이어를 선택하면 여러 레이어를 동시에 선택할 수 있습니다. 만약 연속된 레이어를 동시에 선택하고자 하면 Shift를 누르고 클릭합니다.

---

05 레이어 이동하기

작업 공간에서 '에펠탑' 레이어를 드래그하여 위로 이동합니다.

TIP

레이어 정확하게 이동하기

레이어 혹은 오브젝트 이동 시 Shift를 누르면 수직, 수평 혹은 대각선 방향으로 정확하게 이동할 수 있습니다.

06 레이어 순서 변경하기

01 [Layers] 패널에서 '에펠탑' 레이어를 선택합니다.

02 '에펠탑' 레이어를 선택한 후 '폴라로이드틀' 레이어 아래로 드래그합니다. 이때 레이어 사이에 표시되는 하늘색 선은 레이어 순서 이동이 인지됐다는 뜻입니다. 드래그를 놓으면 레이어의 순서가 변경됩니다.

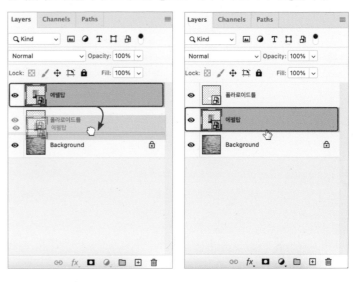

07 레이어 복제

01 [File] – [Place Embedded]로 파리_레더링.png 파일을 불러온 후 Enter를 눌러 이미지를 포함시킵니다.

02 [Layers] 패널에서 '파리_레터링' 레이어가 '폴라로이드틀' 레이어 위에 배치되도록 순서를 변경합니다.

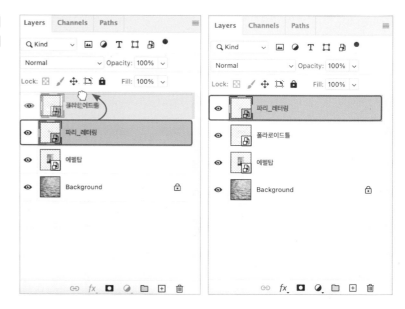

03 [Move Tool]의 옵션 바에서 [Auto-Select(자동 선택)]를 해제합니다.

TIP

레이어 선택 옵션

[Move Tool]의 [Auto-Select]가 활성화된 상태에서 레이어를 이동시키고자 하면 클릭한 위치의 가장 상단에 위치된 레이어가 자동으로 선택됩니다. 이는 매우 편리한 기능이나 레이어의 개수가 많은 경우에는 정확히 원하는 레이어를 선택하고 이동하는데 어려움을 겪을 수 있습니다. 정확하게 원하는 레이어를 이동시키기 위해서 일반적으로는 [Auto-Select]를 해제하고 [Layers] 패널에서 원하는 레이어를 선택한 후 이동시킵니다.

04 '파리_레터링' 레이어를 드래그하여 오른쪽 하단으로 이동합니다.

05 '파리_레터링' 레이어를 선택한 상태에서 Cmd/Ctrl + J를 눌러 해당 레이어를 복사합니다.

08 레이어 회전

01 복사한 '파리_레터링' 레이어를 [Layers] 패널에서 선택합니다.

02 [Move Tool]을 선택하고 작업 공간에 띄워진 '파리_레터링' 레이어를 드래그하여 왼쪽 상단으로 이동합니다.

03 이미지를 변형하기 위해 Cmd/Ctrl + T를 누릅니다.

04 레이어의 모서리 위에 마우스를 올리면 마우스 커서가 둥근 화살표 모양으로 바뀝니다. 이는 레이어를 회전시킬 수 있다는 의미입니다.

05 마우스를 왼쪽 상단으로 드래그하여 레이어를 회전시킵니다.

06 레이어 회전 후 Enter를 눌러 완료합니다.

TIP

정확한 각도로 이미지 회전하기

레이어 회전 시 Shift를 누르고 드래그하면 15도 단위로 정확하게 각도를 조절할 수 있습니다.

포토샵 작업을 하다보면 레이어가 쌓이고, 이 레이어들을 각각의 이미지로 저장해야 할 때가 있습니다. 일일이 저장하는 시간을 줄여 한번에 모든 레이어를 png 파일로 저장하는 방법을 배워봅니다.

`예제 파일` 모양도구활용_완성.psd

01 모양도구활용_완성.psd 파일을 실행합니다. [Layers(레이어)] 패널에서 psd 파일을 구성하고 있는 각각의 레이어를 확인할 수 있습니다.

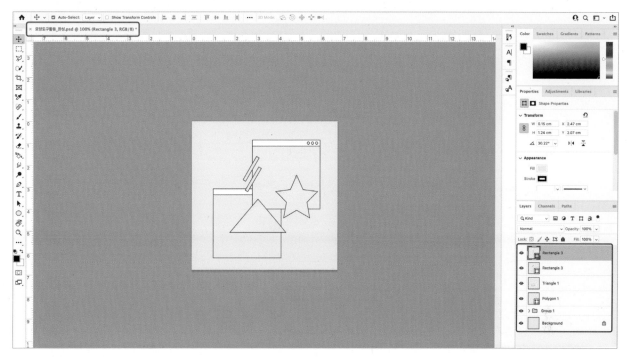

02 모든 레이어를 각각의 파일로 저장하기 위해 `Shift`를 누른 채 모든 레이어를 클릭합니다. 이때, 그룹으로 묶인 레이어는 하나의 레이어로 인식됩니다.

03 마우스 오른쪽 버튼을 클릭한 후 [Quick Export as PNG(PNG(으)로 빠른 내보내기)]를 선택합니다.

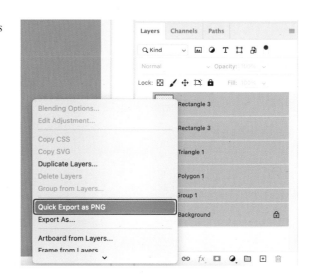

04 저장할 위치를 설정한 후 [Open(열기)]을 클릭합니다.

05 설정한 폴더에서 저장한 레이어 파일을 확인합니다. 레이어가 각각의 png 파일로 저장되었으며, 그룹 레이어는 하나의 png 파일로 저장됩니다.

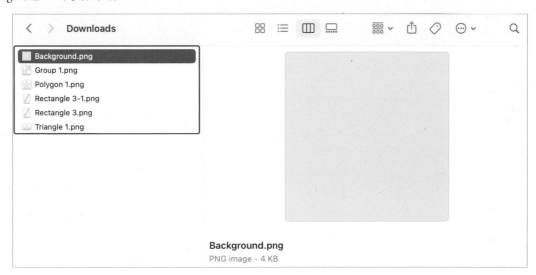

03

짧게 배워 길게 써먹는
포토샵 핵심 기능 ❷

Chapter

01

문자

[Type Tool] 및 문자 레이어의 특성을 파악합니다. 다양한 방법으로 텍스트를 입력하고 변형하여 이미지에 활용해봅니다.

[Type Tool]로 텍스트 입력하고 서식 설정하기

[Type Tool]을 활용하여 텍스트를 입력하고 서식을 설정하는 방법을 학습합니다. 엽서 이미지 위에 텍스트를 입력해봅니다.

예제 파일 해질녘.jpg 완성 파일 문자도구_완성.png, 문자도구_완성.psd

01 [Create new(새로 만들기)] − [Art & Illustration(아트 및 일러스트레이션)] − [Postcard(엽서)]를 선택하여 새로운 문서를 생성합니다.

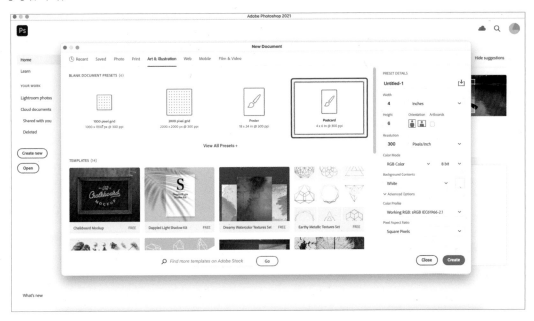

02 [File(파일)] − [Place Embedded(포함 가져오기)]를 클릭합니다.

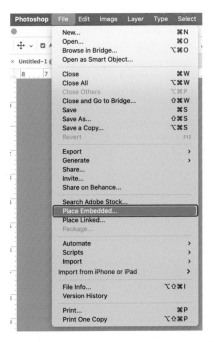

03 해질녘.jpg 파일을 작업 영역으로 가져온 후 Enter를 눌러 이미지를 포함시킵니다.

04 [Horizontal Type Tool(수평 문자 도구)]을 선택한 후 이미지를 클릭하면 클릭한 지점을 기준으로 가로 방향으로 텍스트를 입력할 수 있습니다. 'Croatia'를 입력합니다.

TIP

텍스트 상자 만들어서 텍스트 입력하기

[Type Tool]을 선택한 후 사각형을 그리면 텍스트 상자가 생성됩니다. 사각형 영역만큼 텍스트를 입력할 수 있어 특정 영역에 텍스트를 입력해야 할 때 사용합니다. 내용이 길어지면 자동으로 텍스트 상자의 영역에 맞춰 단락이 구분됩니다. 텍스트 상자는 조절점으로 크기를 조절할 수 있습니다.

05 텍스트를 드래그하여 서식을 변경할 수 있습니다. 옵션 바에서 [폰트]
Dolce Vita Heavy, [두께] A Few Extra Pounds, [사이즈] 48, 좌측 정렬로 설정
합니다. 색상 팔레트를 클릭하면 [Color Picker(색상 피커)] 창이 나타나며 폰트
색상을 변경할 수 있습니다. 색상은 fff4d2로 변경합니다.

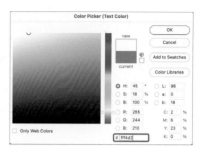

06 중앙 안내선을 생성한 후 [Move Tool(이동 도구)]을 선택하여 텍스트를 중앙으로 옮깁니다. 텍스트를 선택한 후
Cmd/Ctrl + T를 누르면 기준선에 맞춰 텍스트를 정중앙으로 옮길 수 있습니다.

07 텍스트를 드래그한 후 [Properties(속성)] 패널에서 자간을 수정합니다. [자간]을 −50으로 수정하면 알파벳 사이의 간격이 좁아집니다.

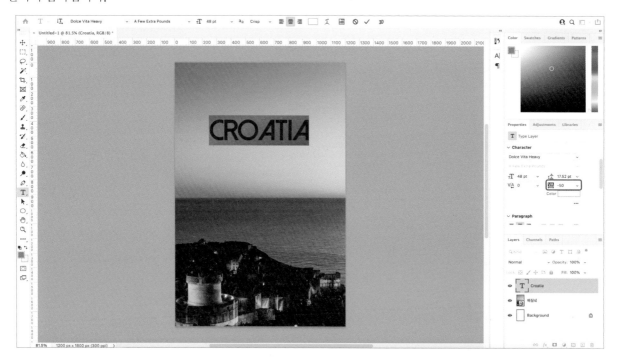

08 [Horizontal Type Tool]로 'Dubrovnik'을 입력하고 같은 방법으로 폰트 종류와 크기, 색상 등을 변경하여 이미지를 완성합니다.

Special Tip [Character] 패널 살펴보기

텍스트 서식을 설정할 수 있는 [Type Tool]의 [Options] 패널과 [Character] 패널을 살펴봅니다. 폰트와 텍스트 크기, 행간, 자간, 텍스트 색상 등을 설정할 수 있습니다.

❶ 문자를 가로 읽기나 세로 읽기로 전환합니다.

❷ 폰트를 확인하고 변경합니다.

❸ 폰트의 두께를 확인하고 변경합니다.

❹ 문자 크기를 확인하고 변경합니다.

❺ 문자에 적용할 Anti-alias 방식을 설정합니다(위에서부터 차례대로).
- None(없음): Anti-alias를 적용하지 않습니다.
- Sharp(선명하게): 가장 선명한 상태로 나타납니다.
- Crisp(뚜렷하게): 약간 선명한 상태로 나타납니다.
- Strong(강하게): 문자가 강하게 나타납니다.
- Smooth(매끄럽게): 문자가 매끄럽게 나타납니다.

❻ 문자를 왼쪽, 가운데, 오른쪽으로 정렬합니다.

❼ 문자 색상을 확인하고 변경합니다.

❽ 문자를 왜곡합니다.

❾ [Character(문자)], [Paragraph(단락)] 패널을 불러옵니다.

❿ 문자 입력 및 수정을 취소합니다.

⓫ 문자 입력 및 수정을 완료합니다.

⓬ 문자 레이어를 3D 오브젝트로 만듭니다.

⓭ 행간(행 사이의 간격)을 설정합니다(기본 설정: Auto).

⓮ 자간(문자 사이의 간격)을 설정합니다(기본 설정: 0).

⓯ 문자의 세로 및 가로 비율을 설정합니다(기본 설정: 100%).

⓰ 기준선의 위치를 설정합니다.

⓱ 문자의 속성을 설정합니다(왼쪽부터 차례대로).
- 문자를 굵게 만듭니다.
- 문자를 오른쪽으로 기울입니다.
- 영문자를 모두 대문자로 변경합니다.
- 영문자를 모두 소문자로 변경합니다.
- 위첨자를 만듭니다.
- 아래첨자를 만듭니다.
- 문자에 밑줄을 긋습니다.
- 문자 중간에 취소 표시 줄을 긋습니다.

02 [Character Styles] 만들고 활용하기

[Character Styles]를 생성하고 텍스트에 [Character Styles]를 적용해 깔끔한 목차를 만들어봅니다.

예제 파일 문자스타일.psd 완성 파일 문자스타일_완성.png, 문자스타일_완성.psd

01 문자스타일.psd 파일을 실행합니다.

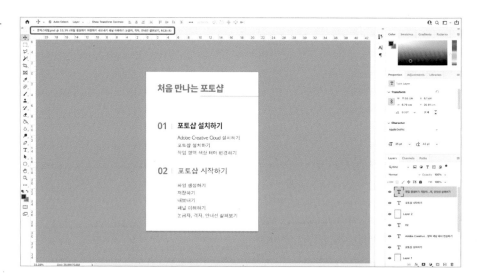

02 [Layers(레이어)] 패널에서 필터 유형을 [Kind(종류)]로 설정한 후 **T**를 클릭하여 문자 레이어만 표시합니다.

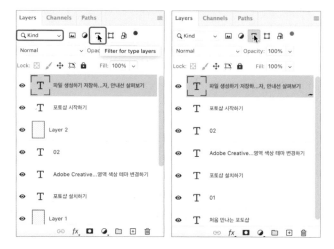

03 [Window(창)] – [Character Styles(문자 스타일)]를 클릭하여 작업 영역에 [Character Styles] 패널을 표시합니다.

04 [Horizontal Type Tool(수평 문자 도구)]을 선택한 후 '포토샵 설치하기' 텍스트를 드래그합니다. [Character Styles] 패널에서 ⊞을 클릭하여 새로운 문자 스타일을 생성합니다.

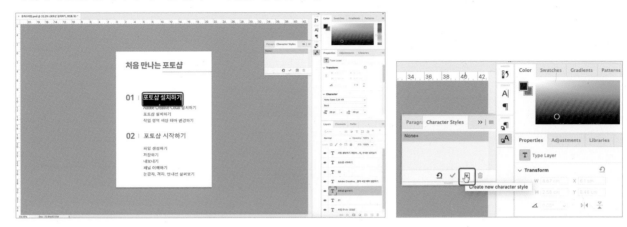

05 스타일 'Character Style 1+'이 생성되었습니다.

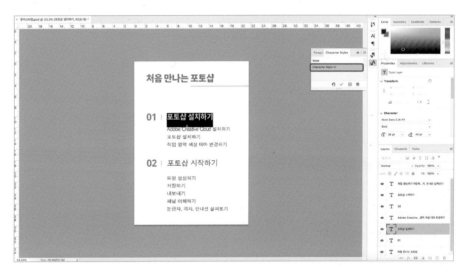

06 '포토샵 시작하기' 문자 레이어를 선택한 상태에서 'Character Style 1+'을 클릭한 후 [Clear Override(무시 지우기)] 를 클릭합니다.

07 '포토샵 시작하기'에 '포토샵 설치하기'와 같은 서식 스타일이 적용됩니다.

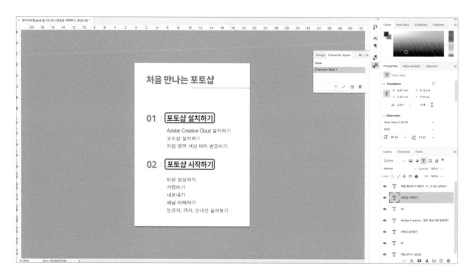

08 이번에는 아래 목차의 서식을 변경해보겠습니다. 첫 번째 목차 레이어의 내용을 드래그한 후 [Properties(속성)] – [Character(문자)] 패널에서 속성을 [폰트] Noto Sans CJK KR, [두께] Medium, [자간] –50으로 변경합니다.

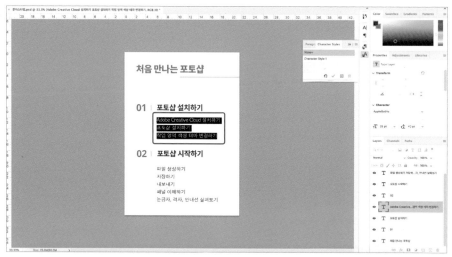

09 속성을 변경한 후 ⊞을 클릭하여 새로운 문자 스타일을 생성합니다. [Character Styles] 패널에 'Character Style 2+'가 생성됩니다.

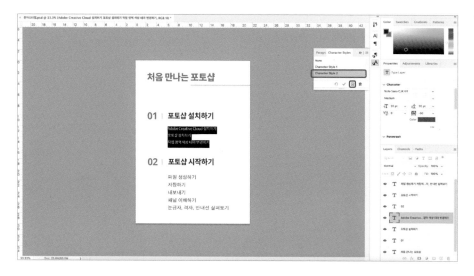

10 두 번째 목차 레이어를 클릭한 후 [Clear Override]를 클릭하여 첫 번째 목차와 같은 서식 스타일을 적용합니다.

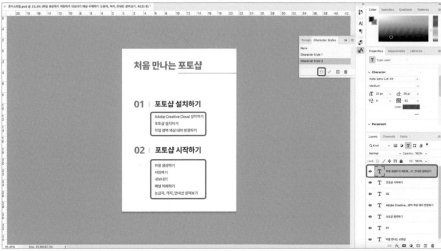

11 [Character Styles] 패널에 생성되어 있는 서식 스타일을 더블클릭하면 서식을 변경할 수 있습니다. [OK(확인)]을 눌러 적용합니다.

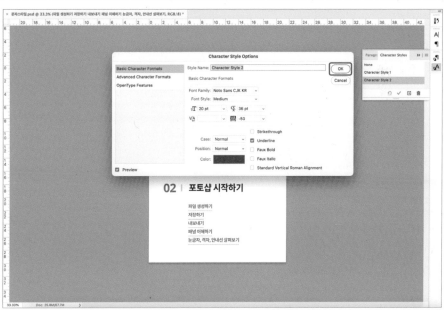

12 완성된 이미지를 확인합니다.

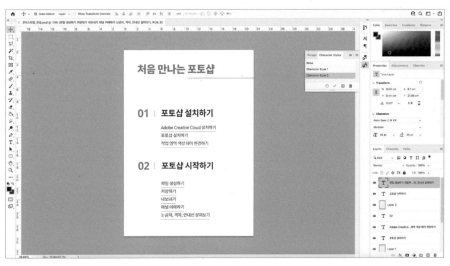

03 [Warp Text]로 텍스트 왜곡하기

[Warp Text]를 이용하여 문자 레이어의 텍스트를 특정 모양으로 왜곡합니다. 왜곡할 수 있는 모양은 15가지이며, 변경한 후에도 다른 모양으로 변경하거나 원래대로 되돌릴 수 있습니다.

예제 파일 텍스트뒤틀기.psd **완성 파일** 텍스트뒤틀기_완성.png, 텍스트뒤틀기_완성.psd

01 텍스트뒤틀기.psd 파일을 실행합니다.

02 [Horizontal Type Tool(수평 문자 도구)]로 'Summer in Jeju' 문자 레이어를 클릭합니다. 옵션 바에서 [Create warped text(뒤틀어진 텍스트 만들기)]를 클릭합니다.

03 [Warp Text(텍스트 뒤틀기)] 창이 나타납니다. 텍스트를 변형할 수 있는 다양한 효과를 제공합니다.

Warp Text의 종류

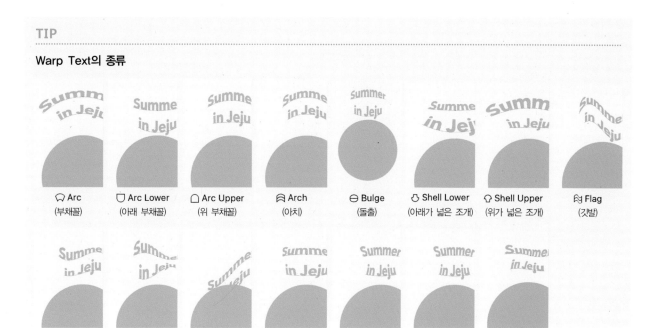

04 [Style(스타일)]을 Arc(부채꼴)로 설정하면 텍스트가 부채꼴 모양으로 왜곡됩니다. [Bend(구부리기)]는 곡률을 의미합니다. [Bend]는 43으로, [Vertical Distortion(세로 왜곡)]은 -4로 조절합니다. [OK(확인)]를 눌러 효과를 적용합니다.

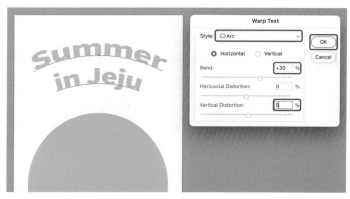

05 텍스트 왜곡 모양을 변경하거나 해제하려면 다시 옵션 바에서 [Create warped text]를 눌러 설정을 변경하면 됩니다.

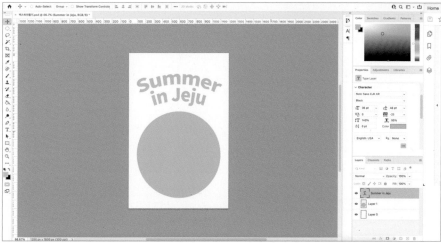

06 텍스트 왜곡을 완료한 후 [Properties (속성)] 패널에서 문자의 서식을 변경합니다. •••를 누르면 문자 서식 옵션이 확장됩니다.

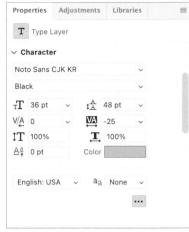

07 텍스트 비율을 140%로 조절하여 텍스트의 위아래 크기를 늘립니다.

08 'Jeju' 텍스트만 드래그하여 색을 fdae 48로 수정한 후 이미지를 완성합니다.

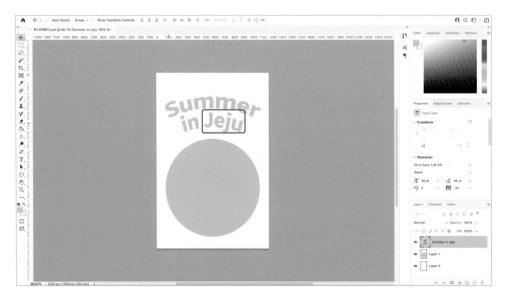

도형의 선에 맞춰 텍스트 작성하는 법

[Ellipse Tool(타원 도구)]을 선택하여 타원 도구를 생성합니다. [Horizontal Type Tool]을 선택한 후 타원의 테두리에 마우스를 올리고 ⚓ 모양이 나올 때 클릭하면, 타원의 테두리를 따라 텍스트를 작성할 수 있습니다. 텍스트를 작성한 후 레이어 위치를 자연스럽게 옮깁니다.

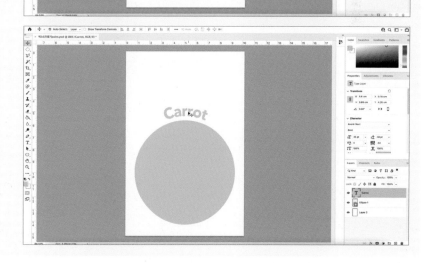

04 텍스트에 이미지 삽입하기

마스크 기능을 활용하여 텍스트 안에 이미지를 삽입하는 방법을 알아봅니다.

예제 파일 크리스마스.jpg　완성 파일 글자마스크_완성.png, 글자마스크_완성.psd

01 크리스마스.jpg 파일을 실행합니다. [Layers(레이어)] 패널에서 'Background' 레이어를 더블클릭하거나, 🔒를 한번 클릭하여 잠금을 해제합니다.

02 [Horizontal Type Tool(수평 문자 도구)]로 'Text Me Merry Christmas'를 입력합니다. 입력한 텍스트를 드래그한 후 옵션바 혹은 오른쪽 [Properties(속성)] 패널에서 텍스트 서식을 변경합니다. [폰트]는 New York Large, [두께]는 Heavy, [크기]는 300, [행간]은 300입니다.

03 [Move Tool(이동 도구)]로 입력한 텍스트의 위치를 조절합니다.

04 [Layers] 패널에서 'Text me Merry Christmas' 문자 레이어의 위치를 'Layer 0' 레이어의 아래로 이동합니다.

05 레이어의 위치가 변경되어 작업 영역에는 텍스트가 보이지 않고 크리스마스 이미지만 보입니다.

06 Cmd/Ctrl을 누르고 'Layer 0' 레이어와 'Text me Merry Christmas' 문자 레이어 사이에 마우스를 올립니다. 나타난 아이콘 ┏□을 확인하고 클릭합니다.

07 문자 레이어 안으로 이미지가 삽입되어 텍스트 마스크가 생성되었습니다.

08 [Move Tool]로 'Layer 0'을 선택하여 이미지의 위치를 적절하게 조절합니다.

09 새 레이어를 생성한 뒤 [Paint Bucket Tool(페인트 통 도구)]로 칠하여 배경을 만듭니다. 완성된 이미지를 확인합니다.

05 [Layer Style]로 텍스트 꾸미기

[Type Tool]과 [Layer Style]을 활용하여 네온사인 효과를 만들어봅니다. 문자 레이어를 일반 레이어로 변환하는 방법을 이해합니다.

예제 파일 네온사인배경.jpg   **완성 파일** 네온사인_완성.png, 네온사인_완성.psd

01 네온사인배경.jpg 파일을 실행합니다.

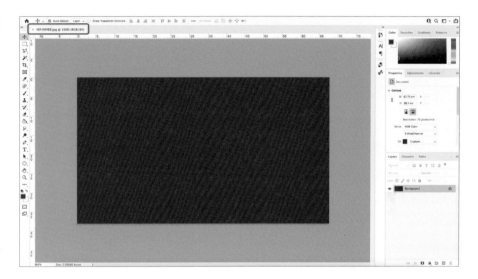

02 [Horizontal Type Tool(수평 문자 도구)]로 '도시의 침묵보다는 바다의 속삭임이 좋아요'를 입력합니다. [폰트]는 나눔스퀘어라운드, [두께]는 ExtraBold, [크기]는 180, [정렬]은 가운데 정렬로 설정합니다.

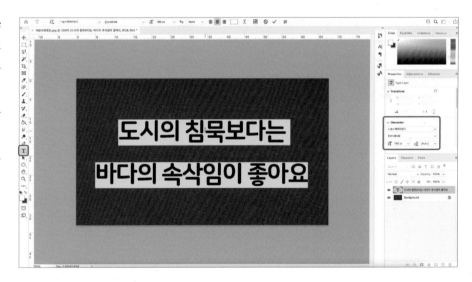

03 '도시의 침묵보다는 바다의 속삭임이 좋아요'
문자 레이어를 ⊞로 드래그하거나 (Cmd)/(Ctrl) +
(J)를 눌러 해당 레이어를 복제합니다.

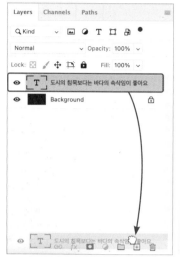
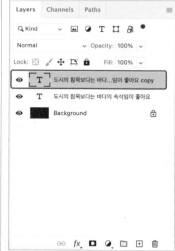

04 복제한 문자 레이어를 마우스 오른쪽 버튼으
로 클릭한 후 [Rasterize Type(레이어 래스터화)]
을 실행합니다. 문자 레이어가 일반 레이어로 변
환됩니다.

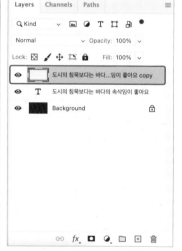

TIP
....

문자 레이어를 일반 레이어로 변환하기

[Type Tool]로 만들어진 문자 레이어는 텍스트 입력을 위한 것으로 페인팅, 필터, 변형 등 일부 작업을 적용할 수 있습니다. 페
인팅, 필터 등의 효과를 적용하기 위해서는 [Rasterize Type]을 실행하여 일반 레이어로 변환한 후 사용해야 합니다. 일반 레이
어로 변환된 후에는 내용을 수정하거나 서식을 변경할 수 없으며 다시 문자 레이어로 만들 수 없습니다.

05 Cmd/Ctrl을 누르고 레이어를 클릭하면 텍스트 전체가 선택 영역으로 표시됩니다.

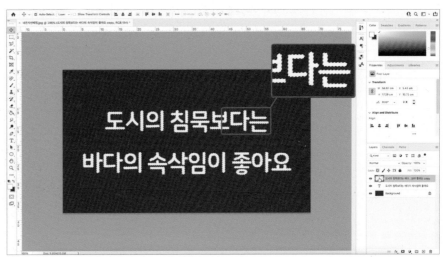

06 텍스트가 선택된 상태에서 [Select(선택)] - [Modify(수정)] - [Contract(축소)]를 클릭합니다.

07 선택된 텍스트의 테두리 범위를 조절할 수 있습니다. [Contract By(축소량)]를 5로 수정한 후 [OK(확인)]를 누릅니다.

08 Delete를 눌러 해당 선택영역을 삭제합니다. [Layers] 패널에서 문자 레이어의 눈을 끄면 텍스트의 테두리만 남아있는 것을 확인할 수 있습니다. Cmd/Ctrl + D를 눌러 선택 영역 표시를 해제합니다.

09 테두리만 남아있는 레이어를 클릭한 채 *fx.*을 누르고 [Outer Glow(외부 광선)]를 선택하여 레이어 스타일을 추가합니다.

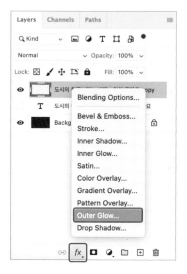

10 네온사인 효과를 적용하기 위해 색상을 지정하고 옵션을 변경합니다. [Layer Style] 창의 Preview(미리 보기)에 체크하면 레이어에 적용되는 효과를 미리 확인할 수 있습니다. [색]은 98ffe6, [Opacity(불투명도)]는 80, [Spread(스프레드)]는 5, [Size(크기)]는 8, [Range(범위)]는 50로 조절합니다.

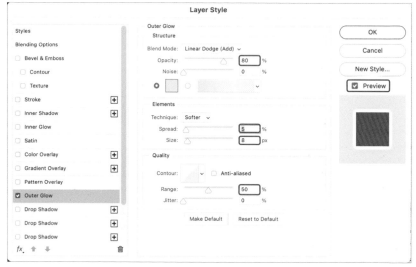

11 깊이감을 적용하기 위해 그림자 효과를 추가합니다. [Blending Options(혼합 옵션)]에서 [Drop Shadow(드롭 섀도)]에 체크한 후 [Opacity] 30, [Angle(각도)] 136, [Distance(거리)] 10, [Spread] 10, [Size] 5로 조절합니다. [OK]를 눌러 적용합니다.

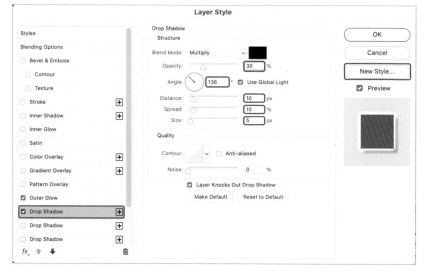

12 [Layers] 패널에서 ⊞을 클릭하여 새 레이어를 생성합니다.

13 [Rectangle Marquee Tool(사각형 선택 윤곽 도구)]로 긴 사각형을 생성한 후 [Paint Bucket Tool(페인트 통 도구)]로 검은색을 칠하여 텍스트 지지대를 만듭니다. Cmd/Ctrl + D를 눌러 선택 영역 표시를 해제합니다.

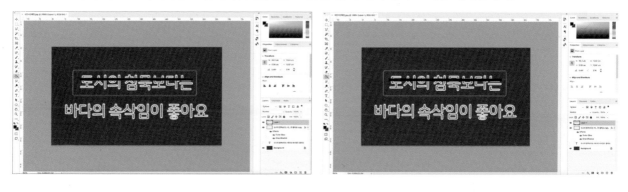

14 'Layer 1' 레이어를 복사 및 변형하여 모든 텍스트의 지지대를 만듭니다.

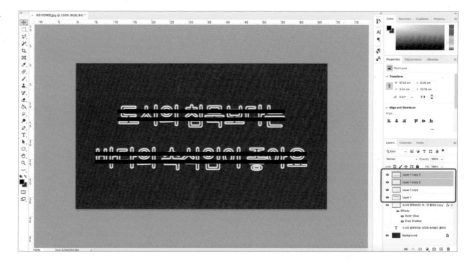

15 텍스트 지지대 레이어를 모두 선택한 후 `Cmd`/`Ctrl` + `G`를 눌러 그룹을 생성합니다.

16 [Layers] 패널에서 'Group 1' 레이어의 위치를 아래로 이동하여 텍스트가 보이도록 합니다. 'Group 1' 레이어의 *fx.*을 선택한 후 [Bevel & Emboss(경사와 엠보스)]를 선택합니다.

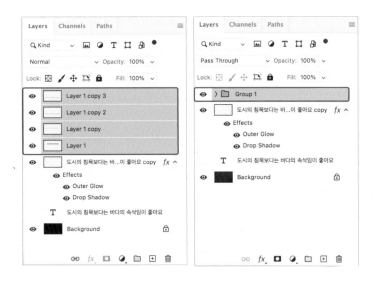

17 [Size]를 4, [Soften(부드럽게)]을 5, [Angle]을 120로 설정하고 [Highlight Mode(밝은 영역 모드)] 색상을 90fddf로 설정한 후 [OK]를 눌러 적용합니다.

18 '도시의 침묵보다는 바다의 속삭임이 좋아요 copy' 레이어를 선택한 후 ▣을 클릭하여 마스크를 추가합니다.

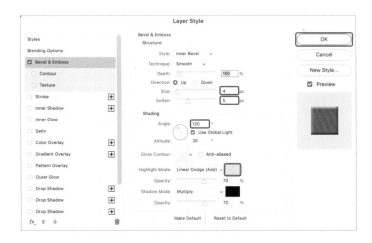

19 마스크를 선택한 후 텍스트와 지지대가 접하는 부분을 검은색 브러시로 칠합니다. 네온사인 효과를 보다 자연스럽게 만들 수 있습니다.

 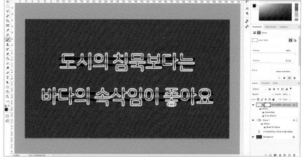

20 텍스트와 지지대에 비해 배경색이 너무 밝다면 [Paint Bucket Tool]로 색을 변경한 후 이미지를 완성합니다.

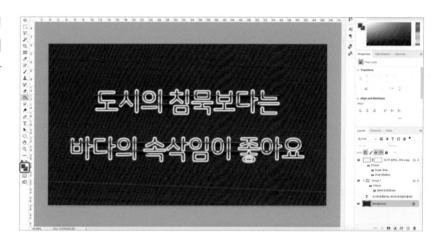

TIP

[Layer Style] 종류 알아보기

[Layer Style]에는 레이어에 적용할 수 있는 다양한 효과가 있습니다. 레이어를 편집하더라도 적용된 효과는 그대로 유지되며, 레이어뿐만 아니라 그룹 레이어에도 스타일을 적용할 수 있습니다. 드래그 앤 드롭으로 [Layer Style]을 수정하거나 이동, 삭제할 수도 있습니다.

- Bevel & Emboss: 밝은 빛과 그림자를 추가하여 입체적으로 보이도록 만듭니다.
- Stroke: 레이어에 외곽선을 만듭니다.
- Inner Shadow: 레이어의 안쪽으로 그림자를 만듭니다.
- Inner Glow: 레이어의 내부로 빛이 퍼지는 효과를 만듭니다.
- Satin: 매끈하게 윤이나는 음역을 레이어 내부에 적용합니다.
- Color Overlay: 레이어 전체 영역에 특정 색상을 칠합니다.
- Gradient Overlay: 레이어 전체 영역에 그레이디언트를 칠합니다.
- Pattern Overlay: 레이어 전체 영역에 패턴을 칠합니다.
- Outer Glow: 레이어의 외부로 빛이 퍼지는 효과를 만듭니다.
- Drop Shadow: 레이어의 뒤쪽으로 그림자를 만듭니다.

그리기 및 페인팅

[Paint Bucket Tool], [Gradient Tool], [Shape Tool], [Brush Tool], [Magic Eraser] 등 다양한 그리기 및 페인팅 도구로 새로운 그림을 그리거나 기존 이미지를 다채롭게 만들 수 있습니다.

[Paint Bucket Tool]로 채색하기

[Paint Bucket Tool]의 옵션을 이해하고 채색하는 방법을 이해합니다.

예제 파일 페인트채색.psd　**완성 파일** 페인트채색_완성.png, 페인트채색_완성.psd

01 페인트채색.psd 파일을 실행합니다.

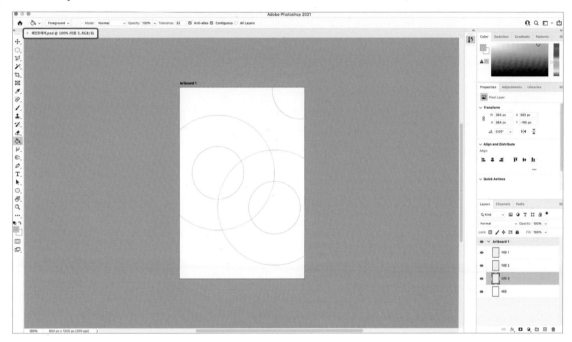

02 [Layers(레이어)] 패널에서 '타원 1' 레이어를 선택합니다.

03 [Foreground Color(전경색)]를 클릭하면 [Color Picker(색상 피커)] 창이 나타납니다. [Foreground Color]를 e6762b로 변경합니다.

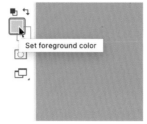

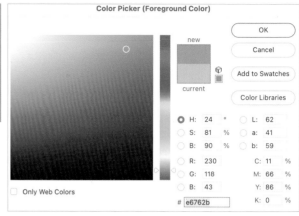

04 [Paint Bucket Tool(페인트 통 도구)]을 선택합니다.

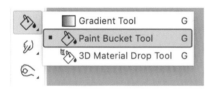

05 작업 영역에서 '타원1' 레이어를 클릭하여 칠합니다.

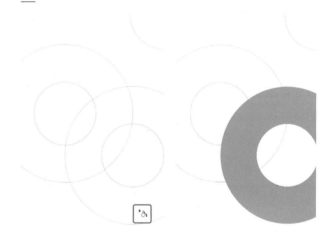

06 [Layers] 패널에서 '타원 2' 레이어를 선택한 후 전경색을 2b8c21로 변경합니다.

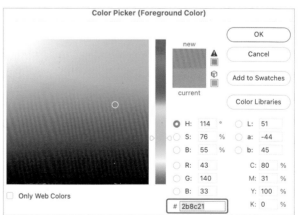

07 '타원 2' 레이어를 클릭하여 칠합니다.

08 [Layers] 패널에서 '타원 3' 레이어를 선택합니다.

09 [Eyedropper Tool(스포이드 도구)]을 선택합니다.

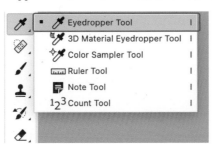

10 '타원 1' 레이어를 클릭하여 색을 추출합니다.

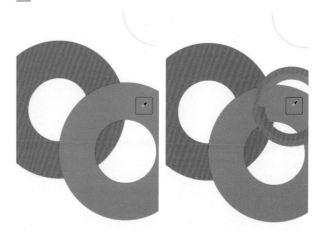

11 [Foreground Color]가 전경색이 '타원 1'에서 추출한 색으로 변경된 것을 확인할 수 있습니다.

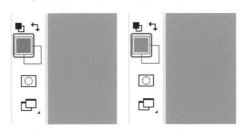

12 [Paint Bucket Tool]을 선택하고 '타원 3' 레이어를 클릭하면 '타원 1' 레이어와 동일한 색으로 '타원 3' 레이어를 칠할 수 있습니다. 완성된 이미지를 확인합니다.

02 [Gradient Tool]로 채색하기

[Gradient Tool]로 두 개 이상의 색상을 활용하여 자연스럽게 색상을 칠할 수 있습니다.

예제 파일 그라디언트채색.psd   완성 파일 그라디언트채색_완성.png, 그라디언트채색_완성.psd

01 그라디언트채색.psd 파일을 실행합니다.

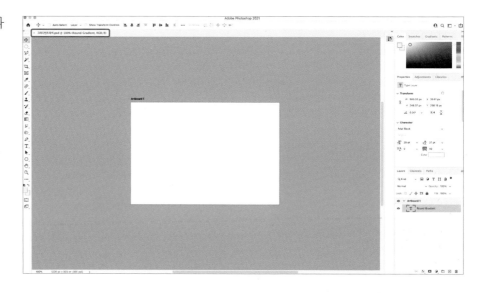

02 [Elliptical Marquee Tool(원형 선택 윤곽 도구)]을 선택합니다.

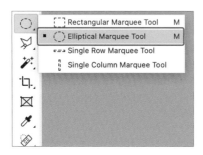

03 [Layers(레이어)] 패널에서 ⊞을 클릭하여 새 레이어를 생성합니다.

04 왼쪽 상단에서 오른쪽 하단으로 드래그하여 타원 모양의 선택 영역을 생성합니다.

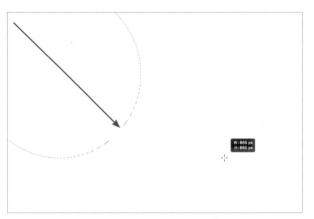

05 [Gradient Tool(그레이디언트 도구)]을 선택합니다.

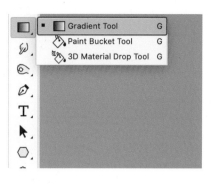

06 [Foreground Color(전경색)]와 [Background Color(배경색)]를 각각 e5d8e4, e0dde7으로 변경합니다.

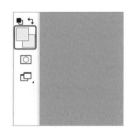

07 옵션 바의 [Gradient Editor(그레이디언트 편집)]에서 [기본 사항] - [전경색에서 배경색으로]를 선택하고 [Gradient Editor] 옵션 중 [Radial Gradient(방사형 그레이디언트)]를 선택합니다.

08 선택 영역의 왼쪽 상단에서 오른쪽 아래 대각선 방향으로 드래그하여 그레이디언트를 적용합니다.

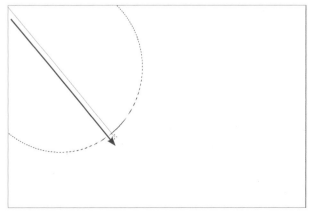

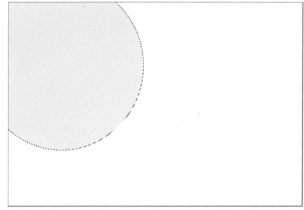

09 Cmd/Ctrl + D를 눌러 선택 영역 표시를 해제합니다.

10 [Layers] 패널에서 'Layer 1' 레이어를 아래로 드래그하여 순서를 변경합니다.

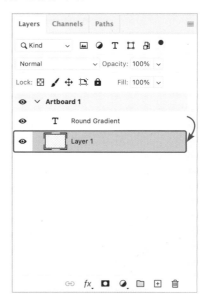

11 [Foreground Color]와 [Background Color]를 e8e0dc, 73afc0으로 변경합니다. 이후 [Elliptical Marquee Tool]을 클릭하여 오른쪽에 타원 모양의 선택 영역을 생성합니다.

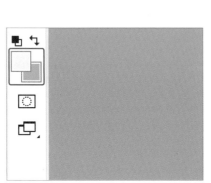
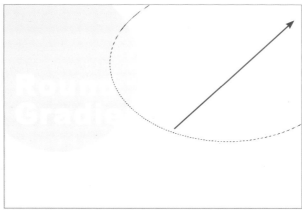

12 앞과 동일한 방식으로 [Gradient Tool]을 선택하고 왼쪽 하단에서 오른쪽 위 대각선 방향으로 드래그하여 그레이디언트를 적용합니다.

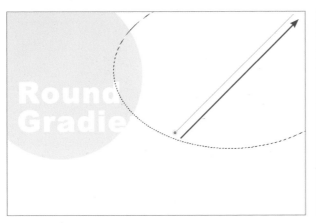 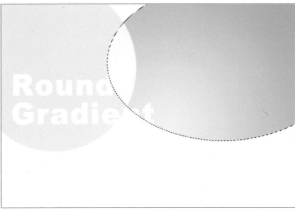

13 같은 방법으로 레이어 하단에 그레이디언트를 적용한 타원 모양을 생성합니다.

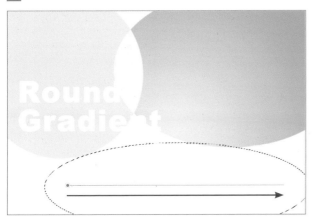 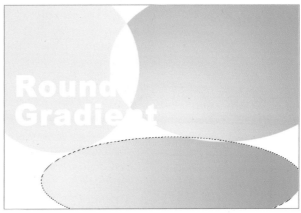

14 [Layers] 패널에서 'Layer 1'을 선택한 뒤 [Filter(필터)] – [Blur(흐림 효과)] – [Gaussian Blur(가우시안 흐림 효과)]를 선택합니다.

15 [Gaussian Blur] 창에서 [Radius(반경)] 값을 73.7로 변경합니다.

16 그레이디언트가 적용된 레이어에 흐림 효과가 적용되어 더 부드러운 그레이디언트 이미지가 완성됩니다.

03 [Shape Tool]로 도형 그리기

[Shape Tool]을 사용하여 삼각형, 사각형, 별 등 원하는 모양의 도형을 그릴 수 있습니다.

완성 파일 모양도구활용_완성.png, 모양도구활용_완성.psd

01 [Create new(새로 만들기)]를 클릭하여 [Width(폭)] 800px, [Height(높이)] 800px 크기의 새 파일을 생성합니다.

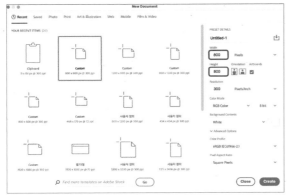 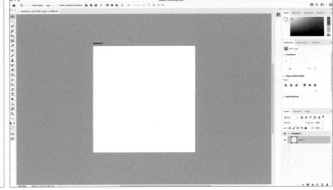

02 [Foreground Color(전경색)]를 e5dce3으로 변경한 후 [Paint Bucket Tool(페인트 통 도구)]로 'Layer 1' 레이어를 칠합니다.

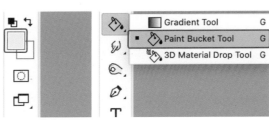 

03 [Rectangle Tool(사각형 도구)]을 선택한 후 옵션 바에서 [Fill(칠)] − [Fill Type(칠 유형 설정)]을 클릭하고 색상을 [Foreground Color]와 동일한 e5dce3으로 설정합니다. [Stroke(획)] − [Stroke Type(획 유형 설정)]을 선택하여 색상은 000000으로, 두께는 2px로 변경합니다.

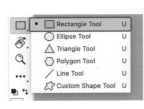  

04 (Shift)를 누른 채로 드래그하여 사각형을 그립니다. [Move Tool(이동 도구)]을 선택한 뒤 레이어의 위치를 옮깁니다.

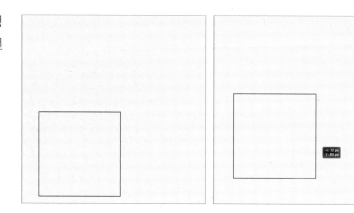

05 같은 방법으로 정사각형을 하나 더 그립니다.

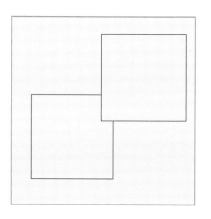

06 [Layers(레이어)] 패널에서 두 번째로 그린 사각형 레이어를 선택합니다. 옵션 바에서 [Color Picker(색상 피커)]를 클릭하여 색상을 dfdfdf로 변경합니다. [OK(확인)]를 눌러 색상이 변경된 것을 확인합니다.

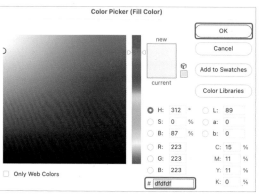
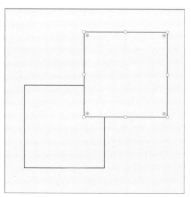

07 [Rectangle Tool]을 선택한 상태에서 작업 영역을 한번 클릭하면 [Create Rectangle(사각형 만들기)] 창이 나타납니다.

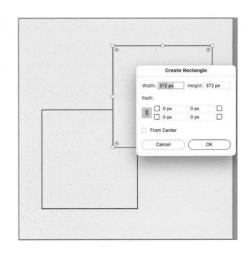

TIP

생성된 모양 관련 정보 확인하기

이미 생성한 모양에 대한 정보(폭, 높이 등)를 확인해야 할 경우 모양 도구 옵션 바에서 확인할 수 있습니다. 현재 도형과 동일한 폭의 모양을 생성할 경우 기존 모양의 폭을 확인하고 동일한 값을 입력하면 됩니다.

08 옵션 바에서 현재 사각형의 [Width (폭)]를 확인하고, [Create Rectangle] 창에서 [Width]는 현재 사각형과 동일한 372px, [Height(높이)]는 35px을 입력하여 새로운 사각형을 생성합니다.

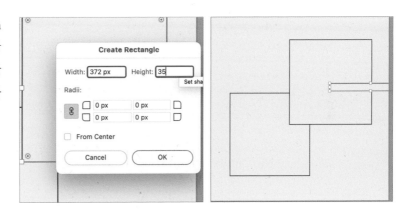

09 옵션 바에서 [Fill Type]을 선택한 후 색상을 ffffff로 변경합니다.

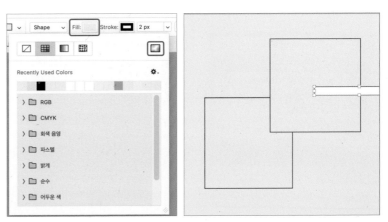

10 [Move Tool]로 현재 선택된 레이어를 'Rectangle 2' 레이어의 위로 옮깁니다. Cmd/Ctrl + J로 레이어를 복사한 후 복사한 레이어는 'Rectangle 1' 레이어의 위로 옮깁니다.

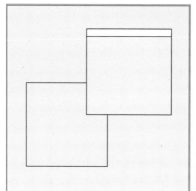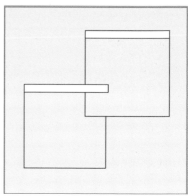

11 [Layers] 패널에서 'Rectangle 3' 레이어의 순서를 'Rectangle 2' 레이어와 'Rectangle 1' 레이어의 사이로 변경합니다.

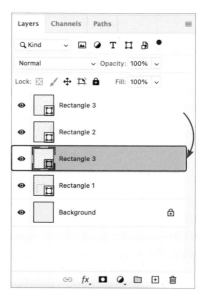

12 [Ellipse Tool(타원 도구)]을 선택하고 Shift를 누른 채로 드래그하여 원을 그립니다. 이때 원의 [Width]와 [Height] 모두 16px로 그립니다.

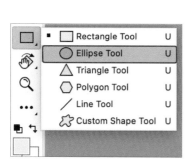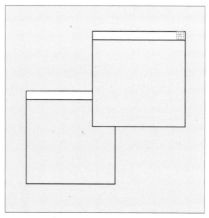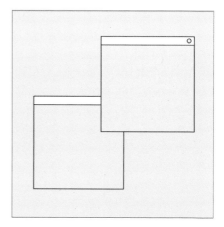

13 [Fill Type]에서 원 색상을 배경색과 동일하게 변경하고, [Stroke Type]을 클릭하여 색상은 000000, 두께는 2px로 변경합니다.

14 [Layers] 패널에서 'Ellipse 1' 레이어를 선택한 후 Cmd/Ctrl + J를 두 번 눌러서 레이어를 두 번 복사합니다. 복사된 레이어들을 'Ellipse 1' 레이어와 동일한 수직선상으로 이동합니다.

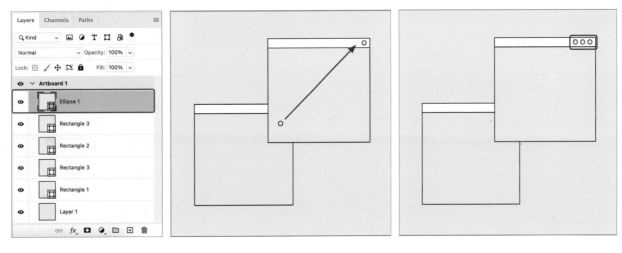

15 편리한 레이어 관리를 위하여 [Layers] 패널에서 배경 레이어를 제외한 모든 레이어를 선택합니다. 이후 Cmd/Ctrl + G 혹은 📁을 클릭하여 하나의 그룹으로 만듭니다.

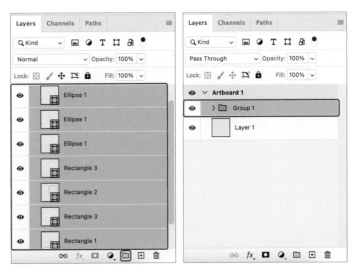

레이어 그룹화

같은 그룹을 묶일 수 있는 레이어들을 선택한 후 그룹화를 시켜주면 편리하게 레이어를 관리할 수 있습니다.

16 [Polygon Tool(다각형 도구)]을 선택하고 레이어를 클릭하면 [Create Polygon(다각형 만들기)] 창이 나타납니다. [Width(폭)]는 100px, [Height(높이)]는 100px, [Number of Sides(면의 수)]는 5, [Corner Radius(모퉁이 반경)]는 0px, [Star Ratio(별 비율)]는 60%로 변경한 후 [OK(확인)]를 누릅니다.

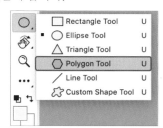

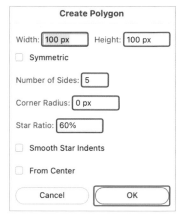

17 별 모양 레이어가 생성됩니다. 생성된 레이어의 크기를 적절하게 조절합니다.

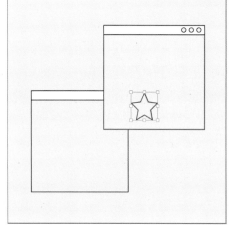

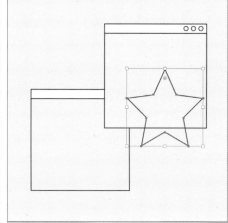

18 [Fill Type]의 옵션 중 [Gradient(그레이디언트)]를 클릭하면 색상 프리셋을 확인할 수 있습니다. [무지갯빛] 프리셋 세트 중 5번째 프리셋을 클릭하여 그레이디언트로 레이어 색상을 변경합니다.

  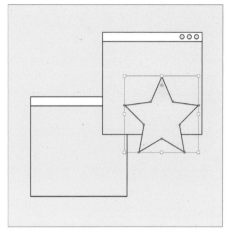

19 [Gradient] 창의 [Rotate the gradient(그레이디언트 회전)]값을 132로 변경하면 그레이디언트 적용 방향이 상하에서 대각선으로 변경됩니다.

 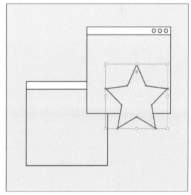

20 [Triangle Tool(삼각형 도구)]로 삼각형을 그린 후 옵션 바의 [Fill Type] – [Gradient]를 선택하여 그레이디언트를 적용합니다.

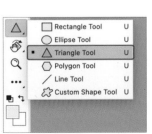 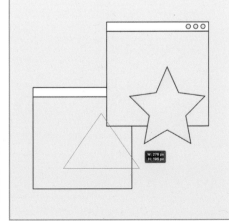 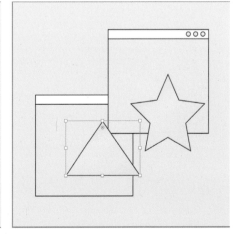

21 [Rectangle Tool(사각형 도구)]로 긴 직사각형을 그립니다. 옵션 바의 [Fill Type]에서 색상을 배경색과 동일하게 변경하고 [Stroke Type]에서 000000, 2px로 변경합니다.

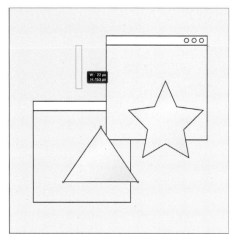

22 긴 직사각형 레이어를 복사한 후 [Move Tool]로 해당 레이어의 위치를 이동합니다.

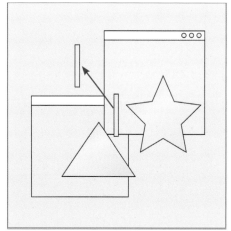
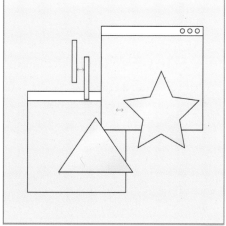

23 [Layers] 패널에서 'Rectangle 4' 레이어를 누르고 Cmd/Ctrl을 누른 채로 복사된 'Rectangle 4' 레이어를 눌러 두 개의 레이어를 동시에 선택합니다.

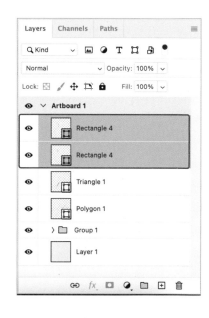

24 Cmd/Ctrl + T를 누른
후 레이어의 모서리 조절점
에 마우스를 올립니다. 커
서 모양이 변할 때 Shift를
누른 채 드래그하여 정확한
각도로 두 레이어를 회전합
니다.

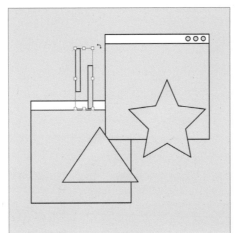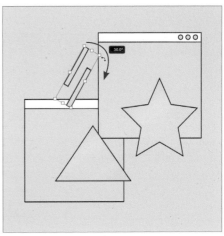

25 완성된 이미지를 확인
합니다.

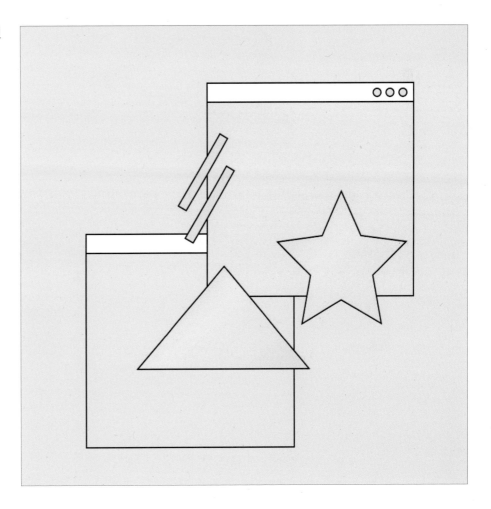

04 [Brush Tool] 활용하기

포토샵에서 제공하는 다양한 [Brush Tool]을 활용하여 이미지를 다채롭게 장식할 수 있습니다.

예제 파일 와인플래터.png   완성 파일 브러시활용_완성.png, 브러시활용_완성.psd

01 와인플래터.png 파일을
실행합니다.

02 [Layers(레이어)] 패널에서 ⊞을 클릭하여 새 레이어
를 생성합니다.

03 [Brush Tool(브러시 도구)]을 선택합니다.

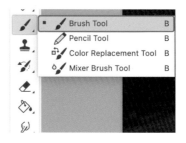

04 [Brush Tool]의 옵션 바에서 ✔을 눌러 [Brush Preset Picker(브러시 사전 설정 피커)]를 활성화합니다. 브러시 카테고리 중 [드라이 재질 브러시] – [KYLE 궁극의 하드 연필]을 선택하고 [Size(크기)]를 20px로 변경합니다.

 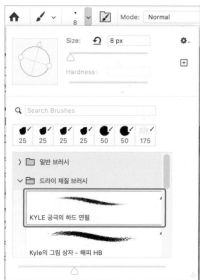 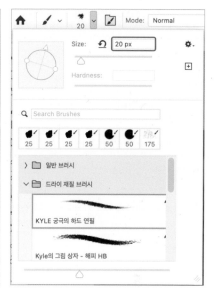

05 캔버스를 클릭한 채 드래그하면 선이 그려집니다. 이를 활용해 다음과 같이 브러시를 사용하여 이미지를 꾸며봅니다.

06 옵션 바에서 [Brush Settings(브러시 설정)]를 선택합니다. 우측 패널에 [Brush Settings] 창이 활성화됩니다.

07 [Shape Dynamics(모양)]를 클릭한 후 [Size Jitter(크기 지터)] 값을 50%로 변경합니다. 100% 크기부터 50% 크기까지 랜덤으로 캔버스에 찍힙니다.

08 [Color Dynamics(색상)]를 클릭한 후 [Apply Per Tip(끝단 적용)]을 체크합니다. [Hue Jitter(색조 지터)]와 [Purity(순도)]의 값을 50%로 변경합니다. 브러시의 색상이 랜덤으로 캔버스에 찍힙니다.

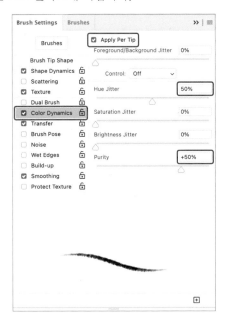

09 [Transfer(전달)]를 선택한 후 [Opacity Jitter(불투명도 지터)]와 [Flow Jitter(플로우 지터)]의 값을 50%로 변경합니다. 브러시의 불투명도와 칠이 100%부터 50%까지 랜덤으로 캔버스에 찍힙니다.

10 [Brush Tip Shape(브러시 모양)]을 선택하고 [Spacing(간격)] 값을 200%로 변경합니다.

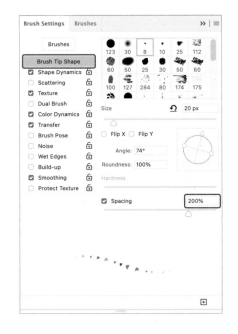

11 [Foreground Color(전경색)]를 afe7c4로 변경하고 [OK(확인)]를 누릅니다.

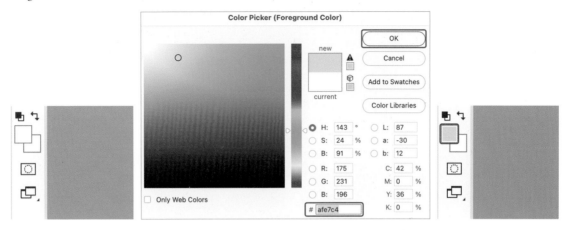

12 브러시로 드래그하여 레이어에 장식을 그립니다.

13 [Brush Tool]의 [Size(크기)]를 60px로 변경하고 [Flow(흐름)]를 100%로 변경합니다.

14 [Brush Settings]에서 다시 [Spacing]을 10%로 변경합니다.

15 이미지 위에 브러시로 텍스트를 작성합니다. 완성된 이미지를 확인합니다.

05 [Magic Eraser Tool] 활용하기

[Magic Eraser Tool]을 사용하여 원하는 부분을 빠르게 지울 수 있습니다.

예제 파일 등대.png, 노을.png   **완성 파일** 지우개활용_완성.png, 지우개활용_완성.psd

01 등대.png 파일을 실행합니다.

02 [Magic Eraser Tool(자동 지우개 도구)]을 선택합니다.

03 [Magic Eraser Tool]은 비슷한 색상을 자동으로 선택하여 지우는 역할을 합니다. 이미지의 하늘 부분을 클릭하여 해당 부분을 지웁니다. 동시에 'Background' 레이어가 일반 레이어로 자동으로 변경됩니다.

04 [Layers(레이어)] 패널에서 ⊞을 클릭하여 새 레이어를 생성하고 [Foreground Color(전경색)]를 000000으로 변경합니다.

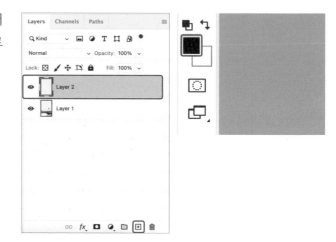

05 [Paint Bucket Tool(페인트 통 도구)]을 선택한 후 작업 영역을 클릭하여 검은색으로 칠합니다.

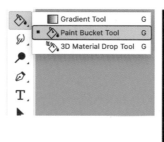

06 'Layer 2' 레이어를 'Layer 1' 레이어 아래로 드래그하여 순서를 변경합니다. 레이어의 순서를 변경하면 지워지지 않은 부분을 정확하게 확인할 수 있습니다.

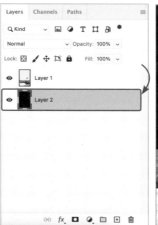

07 [Eraser Tool(지우개 도구)]을 선택한 후 [Layers] 패널에서 'Layer 1' 레이어를 클릭합니다. 아직 지워지지 않은 부분을 확인하여 꼼꼼하게 지웁니다.

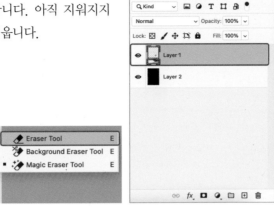

08 [Layers] 패널에서 'Layer 2' 레이어를 선택한 후 (Delete) 혹은 🗑을 클릭하여 레이어를 삭제합니다.

09 [File(파일)] – [Place Embedded(포함 가져오기)] 메뉴를 선택하여 노을.png 파일을 불러옵니다.

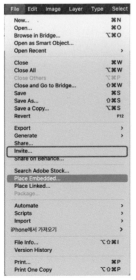

10 레이어의 빈 공간이 꽉 차도록 '노을' 레이어의 크기를 조절합니다. Shift를 누른 채로 조절하면 기존 이미지 비율을
유지할 수 있습니다. 이미지 크기를 조절한 후 Enter를 눌러 완료합니다.

11 '노을' 레이어를 클릭한 후 'Layer 1' 레이어 아래로
드래그하여 순서를 변경합니다.

12 완성된 이미지를 확인합니다.

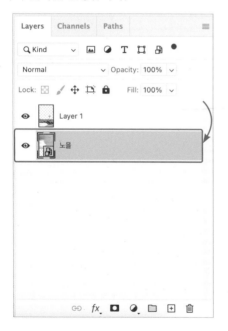

조정

[Adjustments] 메뉴에서 이미지의 밝기와 대비, 색상, 채도 등을 조정할 수 있습니다. 각 효과를 한번에 적용하지 않고 [Adjustments Layer]를 만들어 각 [Adjustments Layer]에 효과를 하나씩 입히면 원본을 손상시키지 않고 다양하게 조정을 시도해볼 수 있습니다.

이미지의 밝기와 대비 조정하기

[Adjustments] 메뉴에서 [Bright/Contrast], [Levels], [Curves], [Exposure]를 활용해 이미지의 명도, 명암, 대비, 색상을 조정합니다. 어두운 이미지를 밝히고 색상의 균형을 맞추면 전체적으로 균형감있는 이미지로 보정할 수 있습니다.

예제 파일 비행기.jpg **완성 파일** 비행기_완성.psd, 비행기_완성.png

01 비행기.jpg 파일을 실행합니다.

02 [Images(이미지)] – [Adjustments(조정)] – [Bright/Contrast(명도/대비)]를 선택합니다.

03 [Bright(명도)]는 30으로 설정하여 명도를 높입니다. [Contrast(대비)]는 −20으로 조절하여 대비를 낮춥니다. [Preview(미리보기)]를 체크하여 [Bright]와 [Contrast]의 값에 따라 이미지가 어떻게 달라지는지 확인하고 [OK(확인)]를 누릅니다.

TIP

[Use Legacy(레거시 사용)]

[Use Legacy]는 조정 범위를 설정합니다. 체크되지 않은 기본 상태는 이미지의 톤을 보호하면서 명도와 대비가 자연스럽게 보정해주기 때문에 [Use Legacy]가 체크되지 않도록 주의해야 합니다. 만약 체크를 선택하면 모든 픽셀에 설정값이 적용되어 변화가 도드라지고 이미지의 세부적인 묘사가 사라질 수 있습니다.

---

04 [Images] – [Adjustments] – [Levels(레벨)]를 선택합니다.

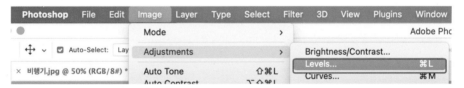

05 [Levels] 창에서 히스토그램을 보고 명암과 색상 균형을 조정할 수 있습니다. 어두운 영역, 중간 밝기 영역, 밝은 영역 순서대로 값을 조절할 수 있습니다.

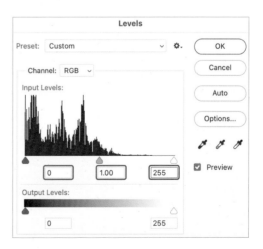

06 어두운 영역 값을 10으로 높이고 중간 밝기 영역을 0.78로 낮춘 후, 밝은 영역 값을 180으로 낮추면 어두운 부분이 강한 이미지로 조정됩니다.

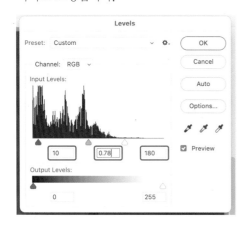

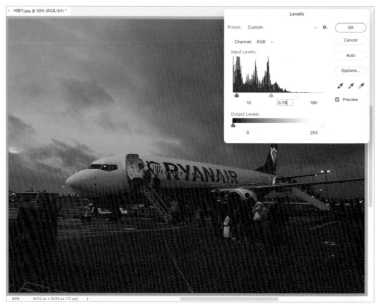

07 [Images] – [Adjustments] – [Curves(곡선)]를 선택합니다.

08 [Curves] 창의 [Channels(채널)]를 [Red(빨강)]로 전환합니다.

09 곡선의 중앙에 위치한 조절점을 오른쪽 하단으로 내리면 [Output(출력)] 값이 줄어들고 [Input(입력)] 값이 커집니다. 이때, 붉은 색상의 양이 줄어듭니다. 반대로 조절점을 왼쪽 상단으로 올리면 [Output] 값이 커지고 [Input] 값이 줄어들면서 붉은 색상의 양이 많아집니다. 조절점의 위치에 따라 달라지는 이미지를 확인하면서 이미지가 부자연스럽지 않은 범위 안에서 조절점을 움직입니다.

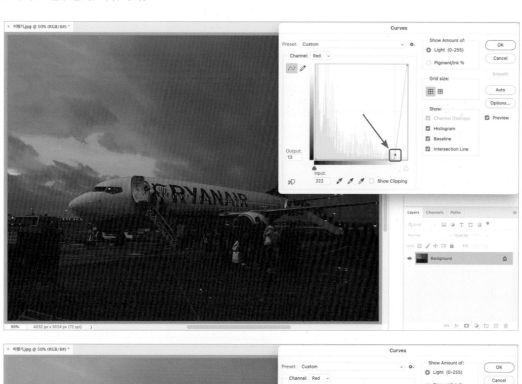

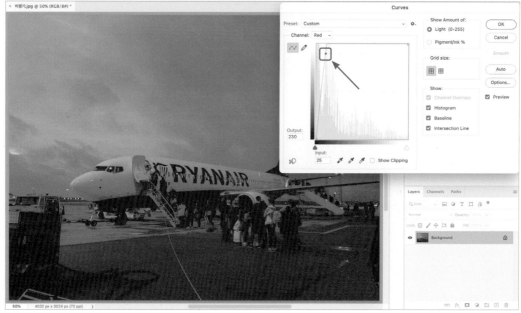

10 Opt / Alt + 4 를 눌러 [Channel]을 [Green(녹색)] 으로 변경합니다. 초록색의 양이 많아진 결과를 확인한 후, 적절하게 곡선의 조절점을 움직입니다.

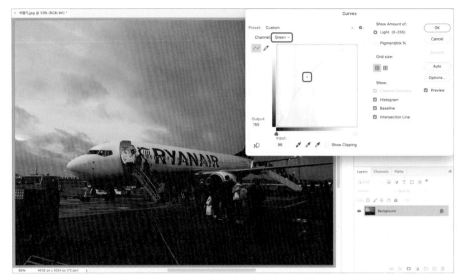

11 Opt / Alt + 5 를 눌러 [Channel]을 [Blue(파랑)]로 변경합니다. 이번에는 파란색의 양이 많아진 결과를 확인한 후, 적절하게 곡선의 조절점을 움직입니다.

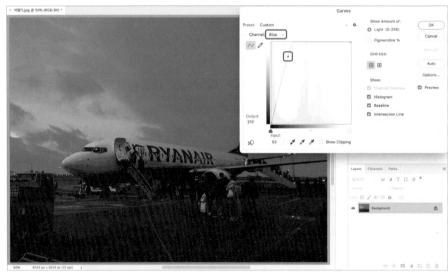

12 Opt / Alt + 2 를 눌러 [Channel]을 [RGB]로 변경합니다. 중앙에 있는 곡선의 조절점을 왼쪽 상단으로 올리면 이미지가 밝아지고 오른쪽 하단으로 내리면 이미지가 어두워집니다. 조절점을 자유롭게 움직여 효과를 확인해본 후, 이미지의 명암과 색상이 적절하다고 느껴질 때까지 조절점을 움직입니다.

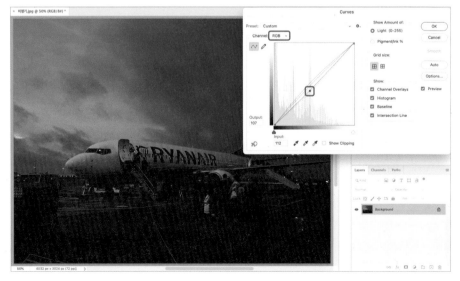

13 [Images] – [Adjustments] – [Exposure(노출)]를 선택합니다.

14 [Exposure] 창에서 [Exposure], [Offset(오프셋)], [Gamma Correction(감마 교정)]을 조절할 수 있습니다. [Exposure]를 높이면 밝은 영역이 더욱 밝아지고, [Offset]은 높일수록 대비가 흐려집니다. [Gamma Correction]은 값이 높아지면 어두운 영역이 더욱 어두워집니다. 이미지의 균형이 깨지지 않도록 값을 조금씩 움직여 조절합니다.

15 완성한 이미지를 확인합니다.

02 이미지의 색상 조절하기

[Adjustments] 메뉴에서 [Vibrance], [Hue/Saturation], [Color Balance]를 활용해 이미지의 채도를 높이고 전체적인 색상 균형을 조절하여 생동감 있는 이미지를 만들어봅니다.

예제 파일 열매.jpg 완성 파일 열매_완성.psd, 열매_완성.png

01 열매.jpg 파일을 실행합니다.

02 [Images(이미지)] – [Adjustments(조정)] – [Vibrance(활기)]를 선택합니다.

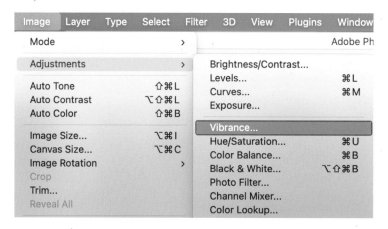

03 [Vibrance]의 슬라이더 값을 +100으로 조정합니다. 값이 높을수록 이미지의 채도가 높아집니다.

04 [Saturation(채도)]의 슬라이더 값은 +20으로 조정합니다. [Saturation]은 기존 채도와 상관없이 모든 픽셀에 동일한 정도로 채도를 적용합니다. 과하게 높은 값으로 조정하면 픽셀이 깨질 수 있기 때문에 [Vibrance]로 충분히 조절한 후 적정 범위 내에서 [Saturation] 값을 조절하는 것이 좋습니다.

05 [Images] - [Adjustments] - [Hue/Saturation(색조/채도)]을 선택합니다.

06 [Hue/Saturation]을 통해 이미지 전체 또는 일부의 색조, 채도, 명도를 조정할 수 있습니다. 먼저, [Hue] 값을 −15로 조정하여 이미지 전체의 색조를 변경합니다.

07 [Saturation] 값을 +20으로 조정하면 전체적인 채도가 높아집니다. 전체적으로 색조와 채도를 조절한 후 비교해보면, 이전보다 열매의 색상이 붉어진 결과를 확인할 수 있습니다.

TIP

이미지의 일부 영역 색상 조정하기

전체 색상 범위를 조정하는 [Master]와 달리 이미지의 일부 영역만 조정하고 싶다면 🖐을 클릭합니다. 이미지에 마우스 커서를 올리고 클릭한 채 드래그하면 해당 색상 영역의 채도를 조정할 수 있습니다.

08 [Images] – [Adjustments] – [Color Balance(색상 균형)]을 선택합니다.

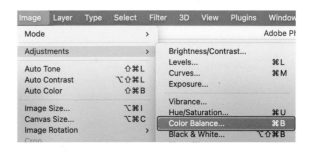

09 [Tone Balance(색조 균형)]는 어떤 밝기 영역을 변경할지 선택할 수 있으며, [Shadows(어두운 영역)], [Midtones(중간 영역)], [Highlights(밝은 영역)] 중 [Midtones]를 선택합니다. [Preserve Luminosity(광도 유지)]에도 체크하여 이미지의 색상을 변경하더라도 광도 값이 유지되도록 합니다.

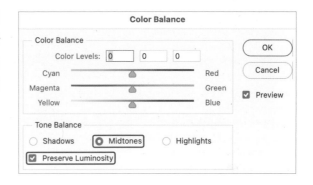

10 [Color Balance(색상 레벨)]의 입력란에 값을 직접 입력하거나, [Cyan(녹청)], [Magenta(마젠타)], [Yellow(노랑)]의 슬라이더를 조절할 수 있습니다. [Cyan]의 값을 −100, [Magenta]의 값을 +10, [Yellow]의 값을 −30으로 조정하여 이미지의 색상을 변경합니다.

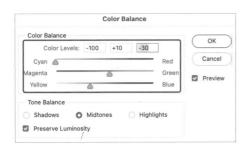

11 색상이 조절된 이미지를 확인합니다.

03 [Black & White]로 흑백 이미지 만들기

[Black & White]로 특정 색상 영역의 밝기를 조정하고, 색감 표현이 풍부한 흑백 이미지를 만들 수 있습니다.

`예제 파일` 자전거.jpg   `완성 파일` 자전거_완성.psd, 자전거_완성.png

01 자전거.jpg 파일을 실행합니다.

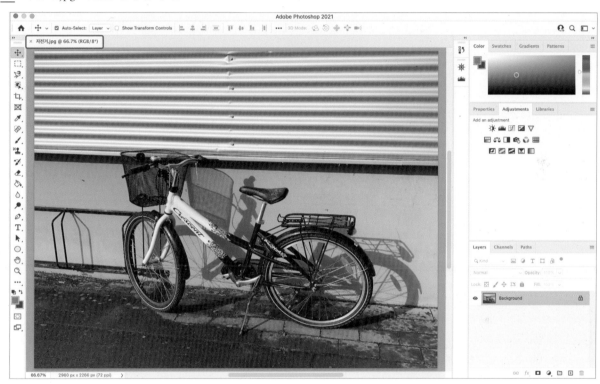

02 [Images(이미지)] – [Adjustments(조정)] – [Black & White(흑백)]을 선택합니다.

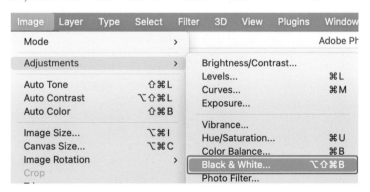

03 [Black & White]를 선택하면 [Default(기본값)]에 맞춰 이미지가 흑백으로 변경됩니다.

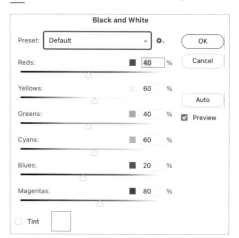 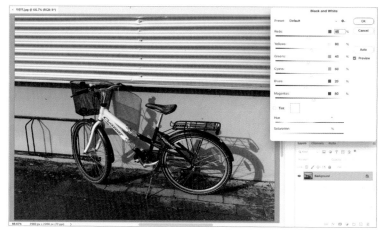

04 [Preset(사전 설정)]은 기본값 외에도 [Blue Filter(파랑 필터)], [Darker(더 어둡게)], [Infrared(적외선)], [Maximum Black(최대 검정)] 등 다양하게 설정할 수 있습니다.

05 [Preset]을 [Infrared]로 변경합니다. 이전보다 더 밝은 흑백 이미지로 변경됩니다.

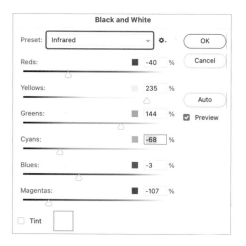 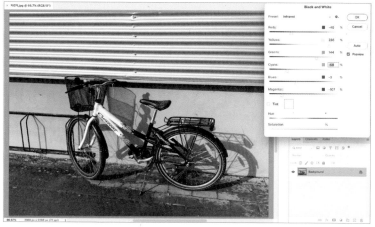

06 [Auto(자동)]를 선택하면 [Preset]이 [Custom(사용자 정의)]으로 전환되면서 각 색상 계열의 값이 자동으로 조정됩니다. 이미지가 흑백으로 보정된 정도를 확인하고 [OK(확인)]를 선택합니다.

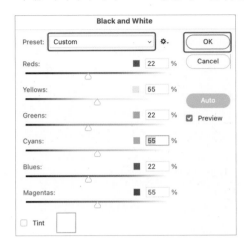
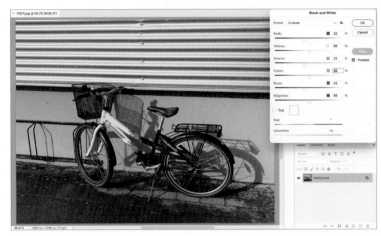

07 완성된 이미지를 확인합니다.

04 [Photo Filter]로 색 온도 조정하기

[Photo Filter]는 색상 균형 및 색 온도를 조정할 수 있는 필터 효과를 제공합니다. 필터로 화이트 밸런스를 조정해봅니다.

예제 파일 카페조명.jpg **완성 파일** 카페조명_완성.psd, 카페조명_완성.png

01 카페조명.jpg 파일을 실행합니다.

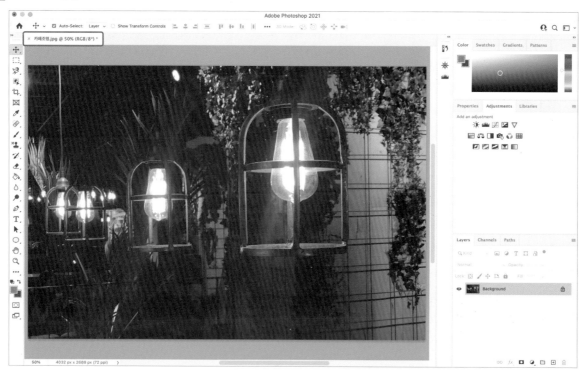

02 [Images(이미지)] – [Adjustments(조정)] – [Photo Filter(포토 필터)]를 선택합니다.

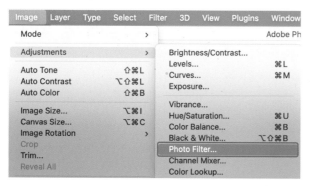

03 [Filter(필터)] 목록에서 사전 설정 필터를 사용하거나 [Color(색상)]를 선택하여 필터로 사용할 수 있습니다.

04 [Filter]에서 [Cooling Filter(82)]를 선택합니다.

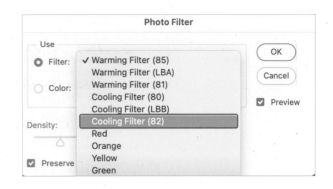

05 [Cooling Filter(82)]를 적용하면 색 온도가 낮아져 적절한 화이트 밸런스를 맞출 수 있습니다. [Density(밀도)] 값을 15%로 설정하여 필터의 색상 밀도를 적정하게 조절합니다.

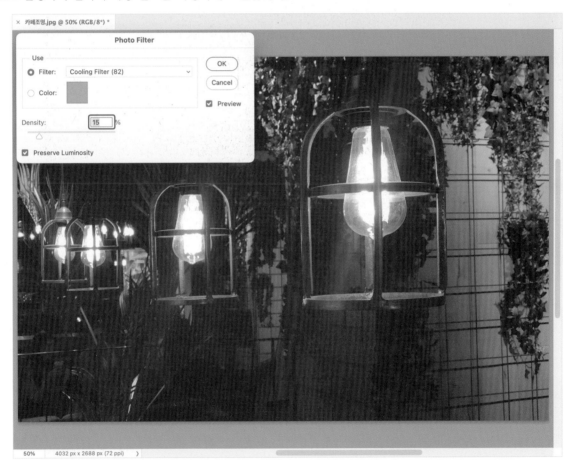

06 색 온도 조절이 완료된 이미지를 확인합니다.

05 [Channel Mixer]로 색상 변경하기

[Channel Mixer]를 통해 Red, Green, Blue의 각 색상 채널을 혼합하여 이미지의 색상을 변경합니다.

예제 파일 지붕.jpg　　완성 파일 지붕_완성.psd, 지붕_완성.png

01 지붕.jpg 파일을 실행합니다.

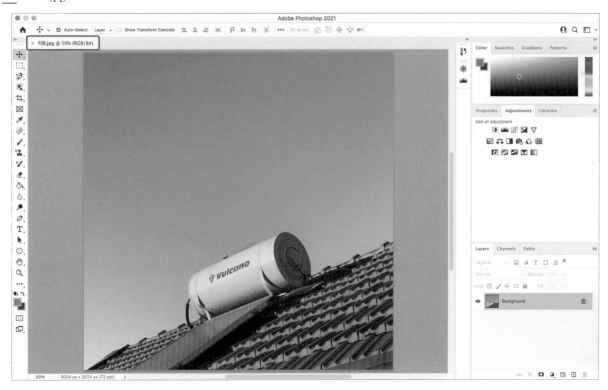

02 [Images(이미지)] - [Adjustments(조정)] - [Channel Mixer(채널 혼합)]을 선택합니다.

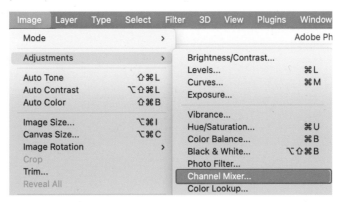

03 [Channel Mixer] 창의 [Output Channel(출력 채널)]을 [Red(빨강)]로 설정합니다. [Output Channel]은 기존 채널에 혼합할 채널을 의미합니다. [Source Channels]에서 [Red(빨강)]를 120%, [Green(녹색)]을 30%로 조정하면 하늘이 보랏빛으로 바뀝니다.

04 [Output Channel]을 [Green]으로 변경합니다.

05 [Green]을 140%로 조절하며 이미지의 색상이 바뀌는 결과를 확인합니다.

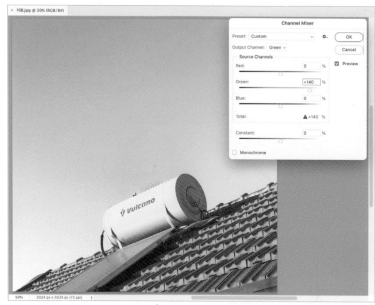

06 [Output Channel]을 [Blue]로 변경한 후 [Blue]의 값을 −15%로 조정합니다. 이미지의 색상이 바뀌는 결과를 확인합니다.

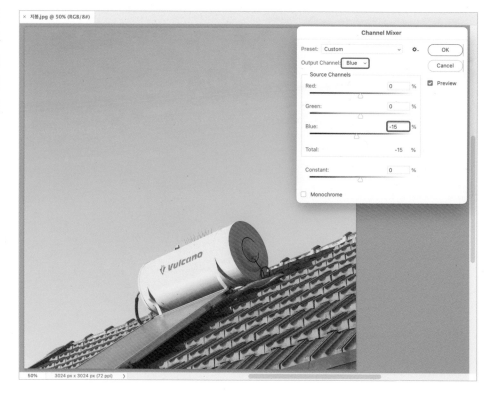

07 [Constant(상수)]를
50%로 조절합니다.
[Constant]의 값이 높을
수록 흰색이 추가되어 빈
티지한 느낌을 더할 수
있습니다.

08 완성된 이미지를 확
인합니다.

[Shadows/Highlights]로 어두운 영역과 밝은 영역의 균형 잡기

[Shadows/Highlights]를 활용하면 그림자 또는 빛에 의해 보이지 않는 부분을 보정하여 이미지의 밝기 균형을 맞출 수 있습니다.

예제 파일 펍.jpg 완성 파일 펍_완성.psd, 펍_완성.png

01 펍.jpg 파일을 실행합니다.

02 [Images(이미지)] – [Adjustments(조정)] – [Shadows/Highlights(어두운 영역/밝은 영역)]을 선택합니다.

03 [Shadows(어두운 영역)]의 [Amount(양)]를 50%로 설정하면 가장자리의 어두운 영역이 밝아집니다.

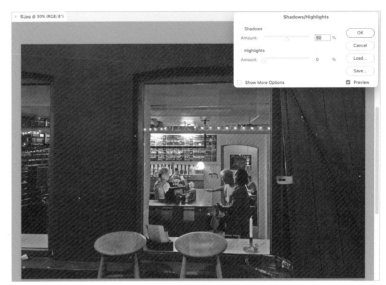

04 [Highlights(밝은 영역)]의 [Amount]를 30%로 설정하면 중앙의 밝은 영역이 어두워지고 전체적으로 명도의 차이가 작아집니다.

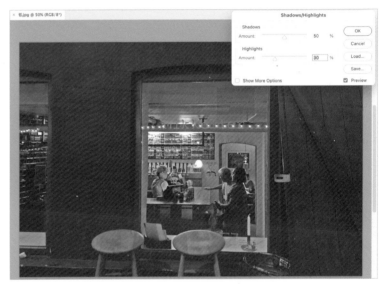

05 [Show More Options(옵션 확장 표시)]를 체크하면 [Shadows], [Highlights], [Adjustments(조정)]의 옵션이 확장됩니다.

06 [Adjustments]의 [Color(색상)]를 40으로 설정하여 색상을 보정합니다.

07 [Adjustments]의 [Midtone(중간 색조)]을 −15로 설정하여 대비를 살짝 낮춥니다.

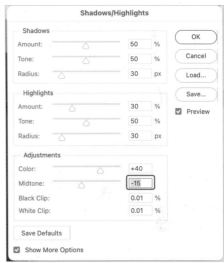

08 완성된 이미지를 확인합니다.

07 [HDR Toning]으로 그림 같은 사진 만들기

[HDR Toning]은 어두운 영역과 밝은 영역 사이의 단계가 높은 HDR(High Dynamic Range)을 조절하는 기능입니다. 사진을
그림 같은 이미지로 만들어봅니다.

예제 파일 분수대.jpg **완성 파일** 분수대_완성.png, 분수대_완성.psd

01 분수대.jpg 파일을 실행합니다.

02 [Images(이미지)] – [Adjustments(조정)] – [HDR Toning(HDR 토닝)]을 선택합니다.

03 [HDR Toning]이 적용되면 이미지에 그래픽적인 느낌이 나타나는 걸 볼 수 있습니다.

04 [Tone and Detail(톤 및 세부 묘사)]에서 [Detail(세부 묘사)] 값을 300%까지 높입니다. 픽셀의 경계가 뚜렷해집니다.

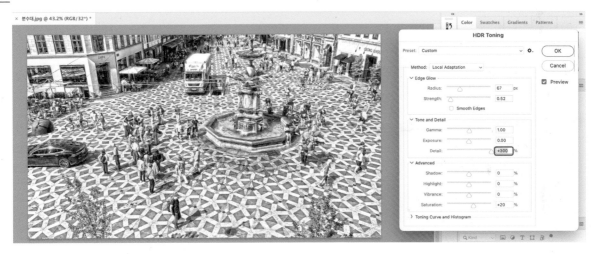

05 [Advanced(고급)]에서 [Shadow(그림자)]는 −50%, [Highlights(밝은 영역)]는 −35%로 조정합니다.

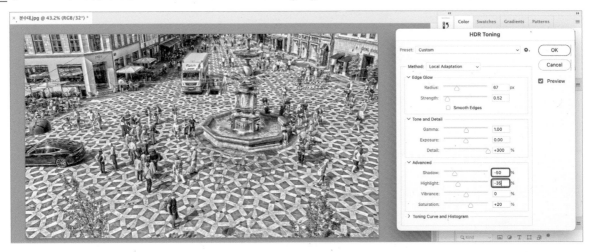

06 [Advanced] – [Vibrance(채도)]는 50%로 설정해 채도를 높입니다.

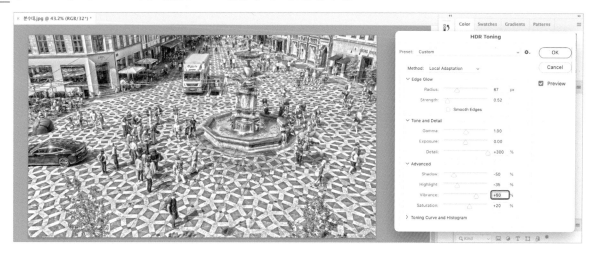

07 다시 [Tone and Detail]로 돌아가 [Gamma(감마)]를 0.86, [Exposure(노출)]를 0.50으로 설정합니다.

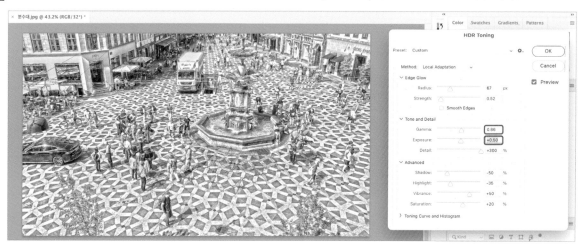

08 [Edge Glow(가장자리 광선)]의 [Radius(반경)]를 90px로 조절하고 [Strength(강도)]를 0.35로 맞춰 픽셀의 경계를 보정합니다.

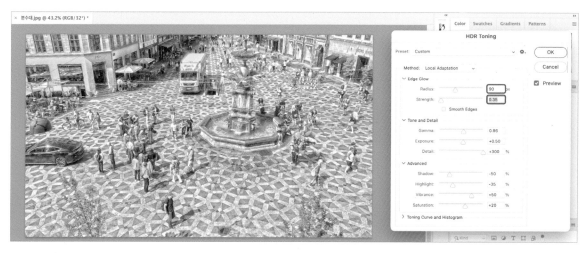

09 [Smooth Edges(가장자리 매끄럽게)]를 체크하면 픽셀의 경계가 부드러워지면서 이미지의 전체적인 느낌 또한 부드러워지는 것을 볼 수 있습니다.

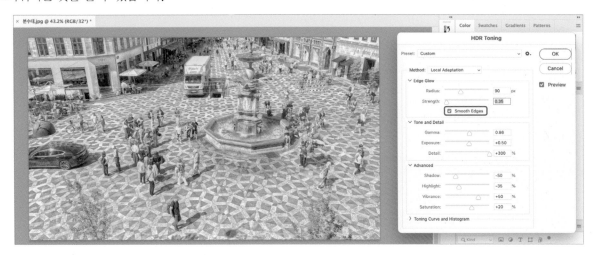

10 완성된 이미지를 확인합니다.

[Adjustments]와 [Adjustments Layer]

[Adjustments]의 다양한 기능을 살펴봤다면, [Adjustments Layer]와의 차이점을 살펴보고 [Adjustments] 패널에서 해당 기능을 활용하는 법을 배워봅니다.

01 [Image(이미지)] – [Adjustments(조정)]를 선택하여 활용했던 다양한 기능은 [Adjustments(조정)] 패널에서도 사용할 수 있습니다.

❶ ☼ Brightness/Contrast(명도/대비): 명도와 대비로 이미지의 색조 범위를 간단하게 보정합니다.

❷ ⛰ Levels(레벨): 이미지의 어두운 영역과 중간 영역, 밝은 영역 각각의 강도를 조정하여 색상 균형을 조정합니다.

❸ ▦ Curves(곡선): 곡선에 조절점을 추가하고 곡선 모양을 변경하여 이미지의 색상과 색조를 조정합니다.

❹ ⊿ Exposure(노출): 빛의 노출 정도를 통해 명도와 대비를 조정합니다.

❺ ▽ Vibrance(활기): 활기와 채도를 조절하여 이미지의 채도를 보정합니다.

❻ ▦ Hue/Saturation(색조/채도): 특정 색상 범위 또는 전체 색상 범위의 색조와 채도, 밝기를 조절합니다.

❼ ⛗ Color Balance(색상 균형): 색상별 값을 조정하여 전체적인 색상 균형을 교정합니다.

❽ ◫ Black & White(흑백): 색조를 조절하면서 표현이 풍부한 흑백 이미지를 만듭니다.

❾ ⛭ Photo Filter(포토 필터): 색조나 색 온도에 따른 필터 효과를 적용합니다.

❿ ⬤ Channel Mixer(채널 혼합): 색상 채널을 조절하여 자연스러운 색상 혼합 결과를 만듭니다.

⓫ ▦ Color Lookup(색상 검색): 포토샵에서 제공하는 기본 설정을 통해 이미지에 색감을 더합니다.

⓬ ⬚ Invert(반전): 색상을 반전시켜 네거티브 필름 효과를 적용합니다.

⓭ ▧ Posterize(포스터화): 레벨을 통해 이미지에 사용된 색상 수를 조절합니다.

⓮ ◪ Threshold(한계값): 이미지의 명암을 조절하여 흑백 이미지를 만듭니다.

⓯ ◩ Gradient Map(그레이디언트 맵): 그레이디언트 색상을 매핑하여 이미지를 보정합니다.

⓰ ◫ Selective Color(선택 색상): 특정 색상을 선택해 해당 색상 값만을 조절합니다.

02 [Adjustments]는 두 가지 방법으로 효과를 적용할 수 있습니다. 먼저, [Image] – [Adjustments]를 선택하면 별도의 레이어를 새로 만들지 않고 대화상자를 통해 선택된 레이어에 조정 효과가 바로 적용됩니다.

03 [Adjustments] 패널에 있는 아이콘을 선택하면 새로운 레이어를 만들고 해당 레이어에 조정 효과를 적용할 수 있습니다. 조정 레이어를 만들어 작업하면 다양한 효과를 적용하더라도 조정 레이어를 삭제하거나 숨기면 원본 이미지로 되돌리기 쉽습니다. 또한, 불투명도나 블렌드 모드를 적용하거나 마스크를 만드는 것도 가능합니다.

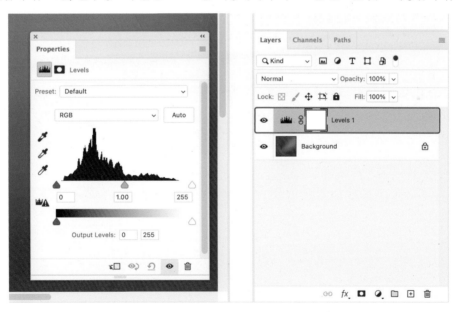

09 [Adjustments Layer] 만들고 다른 이미지에 적용하기

[Adjustments Layer] 중 특정 색상만 값을 조절할 수 있는 [Selective Color] 레이어를 만들어보고, 만든 레이어를 다른 이미지에도 적용해봅니다.

예제 파일 돌해변1.jpg, 돌해변2.jpg **완성 파일** 돌해변1_완성.psd, 돌해변2_완성.psd

01 돌해변1.jpg 파일을 실행합니다.

02 [Layers] 패널에서 🔵을 클릭하면 다양한 [Adjustment Layer] 옵션을 확인할 수 있습니다. 목록에서 [Selective Color(선택 색상)]를 선택합니다.

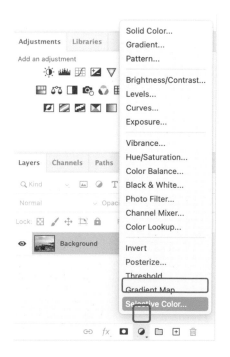

03 'Selective Color 1' 조정 레이어가 생성되고, [Properties(속성)] 패널이 활성화됩니다.

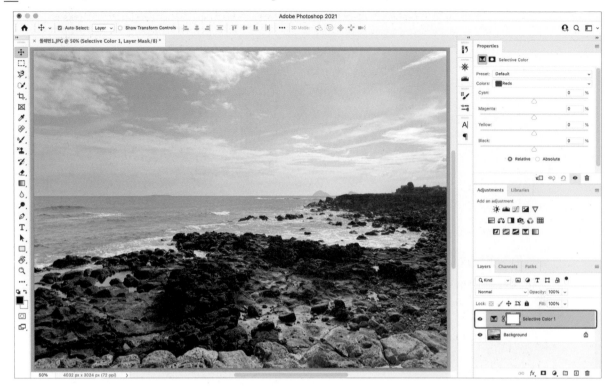

04 조정하고자 하는 [Colors(색상)]를 [Reds(빨간 계열)]에서 [Cyans(녹청 계열)]로 변경합니다.

05 각 색상값은 −100%와 100% 사이에서 조정할 수 있습니다. [Cyan(녹청)] −100%, [Magenta(마젠타)] +100%, [Yellow(노랑)] −100%, [Black(검정)] +100%로 조절하면 녹청색이었던 하늘이 보라색으로 보정됩니다.

06 결과적으로는 이미지의 색상이 변한 것처럼 보이지만 조정 레이어만 조절한 것이기 때문에 'Selective Color 1' 레이어의 눈을 끄면 손상 없는 원본 이미지를 다시 확인할 수 있습니다.

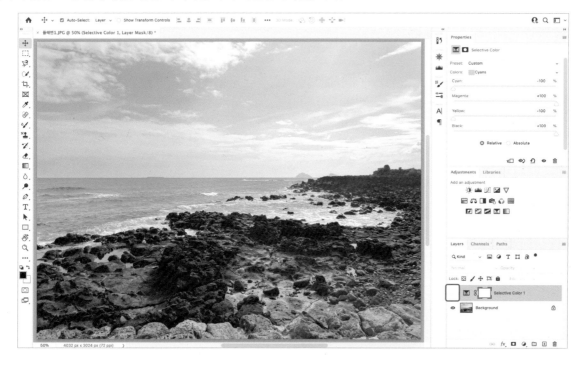

07 만든 조정 레이어를 다른 이미지에 그대로 적용해보 겠습니다. [File(파일)] – [Open(열기)]을 눌러 돌해변 2.jpg 파일을 엽니다.

08 돌해변 1.jpg 파일에 있는 'Selective Color 1' 조정 레이어를 선택하고 돌해변2.jpg 파일 탭으로 드래그 앤 드롭하면 같은 조정 레이어의 효과가 적용됩니다.

09 두 번째 이미지에 적용된 조정 레이어를 선택하고 [Properties]에서 추가적으로 색상 값을 조절할 수 있습니다. [Colors]를 [Blacks(검정 계열)]로 선택하고 각 색상값을 [Cyan] +24%, [Magenta] −11%, [Yellow] +27%, [Black] −12%로 조정합니다.

10 이미지를 완성한 후 저장하면 다음 작업에서도 레이어를 통해 이미지를 조정할 수 있습니다. [File] – [Save as(다른 이름으로 저장)]를 선택합니다.

11 [Format(형식)]을 Photoshop으로 지정하고 [Save(저장)] 옵션에서 [Layers(레이어)]를 반드시 체크합니다. 레이어를 유지하는 포토샵 파일(psd 파일 형식)로 저장해야 추후 저장된 레이어를 편집하고 사용할 수 있습니다.

Special Tip [Color Lookup]으로 색감 보정하기

[Color Lookup]은 프리셋을 이용해 이미지의 색감을 쉽게 보정하는 방법입니다. Kodak, Fuji 등 브랜드별 렌즈의 색감 또는 필터 효과를 적용할 수도 있습니다.

예제 파일 앞마당.jpg　　**완성 파일** 앞마당_완성.png, 앞마당_완성.psd

01 앞마당.jpg 파일을 실행합니다.

02 [Adjustments(조정)] 패널에서 [Color Lookup(색상검색)]을 선택합니다.

03 [Properties(속성)] 패널의 [3DLUT File(3DLUT 파일)]에서 필터를 고를 수 있습니다.

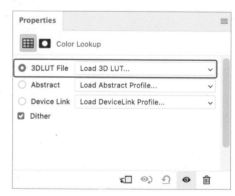

04 이미지를 좀 더 차가운 느낌으로 보정하기 위해 [Crisp_Winter.look]을 선택합니다.

05 [Layers(레이어)] 패널에서 'Color Lookup1' 조정 레이어를 선택하고 [Opacity(불투명도)]를 50%로 조절합니다.

06 추가로 다른 필터를 적용해봅니다.

3Strip.look

Candlelight.CUBE

DropBlues.3DL

FallColors.look

filmstock_50.3dl

Fuji F125 Kodak 2395(by Adobe).cube

Kodak 5205 Fuji 3510(by Adobe).cube

NightFromDay.CUBE

04

필터

필터를 이용하면 기존 이미지에 다양한 효과를 적용하여 색다른 느낌을 줄 수 있습니다. [Filter Gallery]를 이해하고 적용하는 방식을 배워봅니다.

01 [Filter Gallery] 이해하기

필터를 이용하면 다양한 효과를 이미지에 적용할 수 있습니다. [Filter Gallery]에서 필터를 적용하거나 일반 필터를 적용하는 방법을 배워봅니다.

01 [Filter(필터)]는 크게 필터 갤러리와 [3D], [Blur(흐림 효과)], [Sharpen(선명 효과)] 등 일반적인 필터로 구분할 수 있습니다. [Last Filter(마지막 필터)]에는 가장 마지막으로 사용한 필터 효과가 표시됩니다. 이를 활용하여 같은 효과를 반복하여 적용할 수 있습니다.

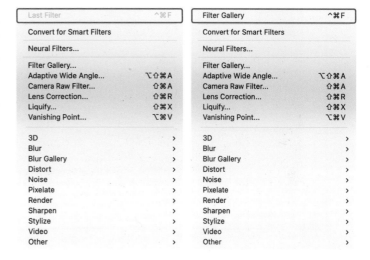

02 먼저 [Filter] − [Filter Gallery(필터 갤러리)]를 클릭하여 필터 갤러리를 살펴봅니다.

03 [Filter Gallery] 창이 나타납니다. 총 47가지 종류의 필터를 적용할 수 있으며, 선택한 필터의 옵션을 설정하고 적용될 모습을 미리보기로 확인할 수 있습니다. 또한, [Effect Layer(효과 레이어)]를 활용하여 2가지 효과를 중복하여 적용할 수도 있습니다.

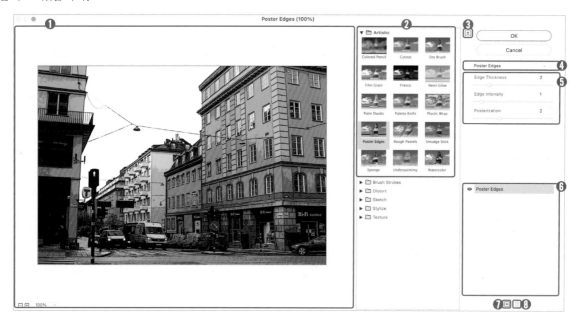

❶ 선택한 필터가 이미지에 적용된 모습을 미리 확인합니다.

❷ 카테고리를 클릭하여 나타나는 필터의 섬네일 이미지 목록입니다. 클릭하면 해당 필터가 선택됩니다.

❸ 필터 선택 창이 숨겨지고 미리 보기 화면이 확장됩니다.

❹ 섬네일 이미지 목록 화면에서 선택할 수 있는 필터 목록을 드롭 리스트로 확인할 수 있습니다.

❺ 선택한 필터의 옵션을 설정합니다.

❻ [Effect Layer] 패널로 [Layers] 패널과 같은 방법으로 레이어의 순서를 변경하거나 특정 레이어를 숨기거나 보이게 할 수 있습니다.

❼ [New Effect Layer(새 효과 레이어)]: 새로운 이펙트 레이어를 만듭니다.

❽ [Delete Effect Layer(효과 레이어 삭제)]: 선택한 이펙트 레이어를 삭제합니다.

04 [Filter Gallery]에 있는 필터를 제외한 나머지 필터는 필터 명을 클릭하면 레이어에 바로 적용됩니다.

02 [Filter Gallery]로 연필 스케치 효과 만들기

[Filter Gallery]를 활용하여 연필로 스케치한 듯한 효과를 만들어봅니다.

예제 파일 거리.jpg   완성 파일 연필스케치_완성.png, 연필스케치_완성.psd

01 거리.jpg 파일을 실행합니다. Cmd/Ctrl + J를 눌러 레이어를 복제합니다.

02 [Layers(레이어)] 패널에서 복제한 레이어의 눈을 끄고 'Background' 레이어를 선택한 후 [Filter(필터)] – [Filter Gallery(필터 갤러리)]를 클릭합니다.

03 [Artistic(예술 효과)] – [Colored Pencil(색연필)]을 선택합니다. 레이어가 연필로 칠한 것처럼 바뀐 것을 확인할 수 있습니다. [Pencil Width(연필 두께)]는 4, [Stroke Pressure(획 압력)]는 8, [Paper Brightness(용지 밝기)]는 45로 변경합니다.

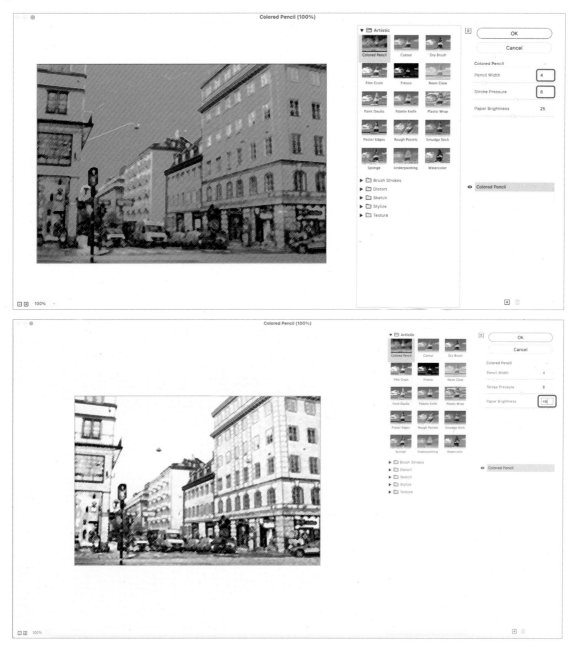

04 ⊞을 클릭하여 새로운 필터를 추가합니다. [Texture(텍스처)] – [Texturizer(텍스처화)]를 클릭하고 [Scaling(비율)]을 130, [Relief(부조)]를 5로 변경합니다. [OK(확인)]를 누릅니다.

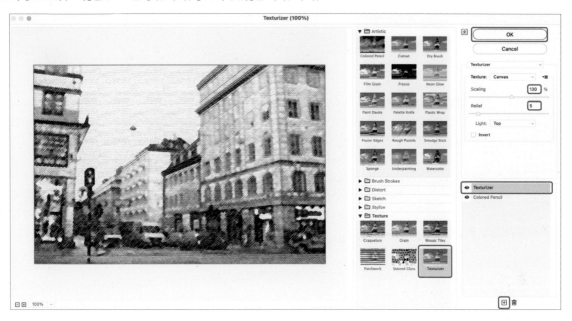

05 레이어에 적용된 필터 효과를 확인합니다.

06 [Image(이미지)] - [Adjustments(조정)] -
[Black & White(흑백)]를 클릭합니다.

07 [Black and White] 창이 나타납니다. [Preset(사전 설정)]을 Green
Filter(녹색 필터)로 변경한 후 [OK(확인)]를 누릅니다.

08 이미지가 흑백으로 변경됩니다.

09 [Image] – [Adjustments] – [Brightness/Contrast(명도/대비)]를 클릭합니다.

10 [Brightness/Contrast] 창에서 [Brightness]를 25, [Contrast]를 −50으로 변경한 후 [OK]를 클릭합니다.

11 [Layers] 패널에서 다시 'Layer 1' 레이어를 선택한 후 [Filter] – [Filter Gallery]를 클릭합니다.

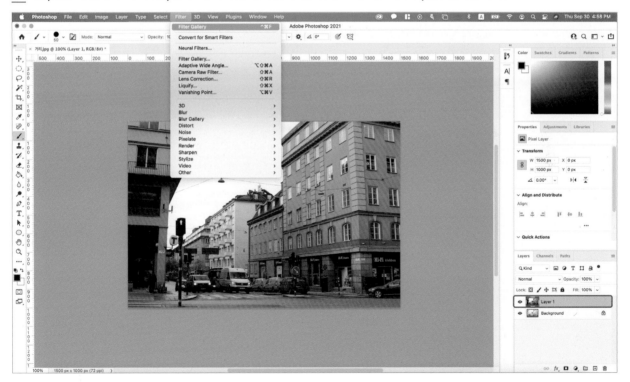

12 필터 레이어 'Texturizer'를 선택하고 🗑을 클릭하여 필터를 삭제합니다.

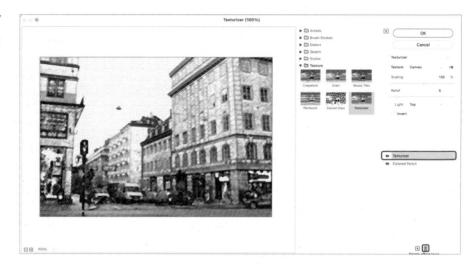

13 [Filter Layers] 패널의 [Colored Pencil]을 클릭한 후 [Stylize(스타일화)] − [Glowing Edges(가장자리 광선)]를 클릭하여 필터를 변경합니다. [Smoothness(매끄러움)]를 8로 조정하고 [OK]를 눌러 적용합니다.

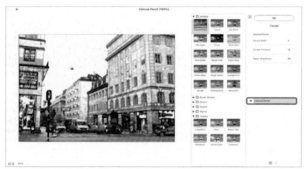
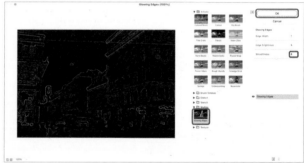

14 [Image] − [Adjustments] − [Invert(반전)]를 클릭하여 이미지의 색을 반전시킵니다.

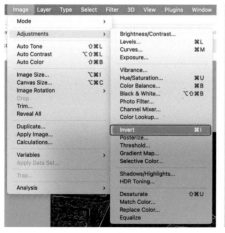
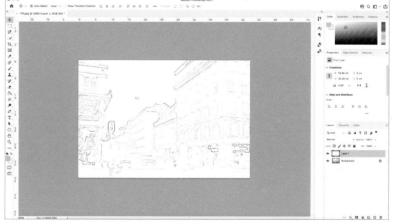

15 [Image] – [Adjustments] – [Desaturate(채도 감소)]를 클릭하여 이미지의 채도를 줄입니다.

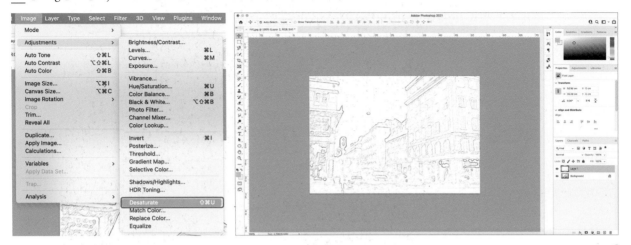

16 [Layers] 패널에서 'Layer 1' 레이어를 클릭한 채로 [Blend Mode(혼합 모드)]를 [Multiply(곱하기)]로 변경합니다.

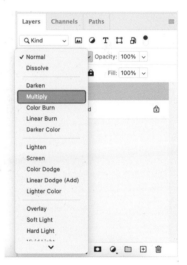

17 연필 스케치 효과가 완성된 이미지를 확인합니다.

03 필터로 미니어처 효과 만들기

필터를 활용하여 일반 이미지를 미니어처처럼 보이는 효과를 만들어봅니다.

예제 파일 미니어처.jpg 완성 파일 미니어처효과_완성.png, 미니어처효과_완성.psd

01 미니어처.jpg 파일을 실행합니다.

02 필터를 적용하기 전 먼저 미니어처 효과를 극대화할 수 있는 색감 보정을 진행합니다. [Image(이미지)] – [Adjustments(조정)] – [Hue/Saturation(색조/채도)]을 클릭합니다.

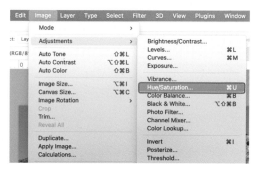

03 [Saturation]을 25로 조정하여 채도를 높입니다. [OK(확인)]를 눌러 효과를 적용합니다.

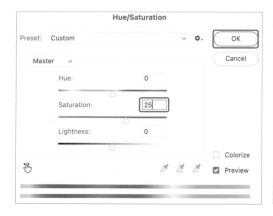

04 이미지의 밝기 조절을 위해 [Image] - [Adjustments] - [Brightness/Contrast(명도/대비)]를 클릭합니다.

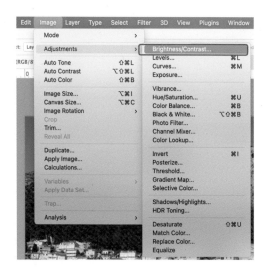

05 [Brightness]는 30, [Contrast]는 10으로 변경한 후 적용합니다.

06 [Filter(필터)] - [Blur Gallery(흐림 효과 갤러리)] - [Tilt-Shift(기울기-이동)]를 클릭합니다.

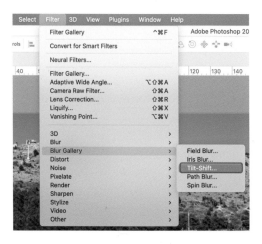

07 이미지 중앙은 뚜렷하고, 가장자리는 흐린 필터가 적용됩니다. 점선에 마우스를 올리면 ⬍이 나타납니다. 이를 활용하여 흐림 영역을 조절합니다.

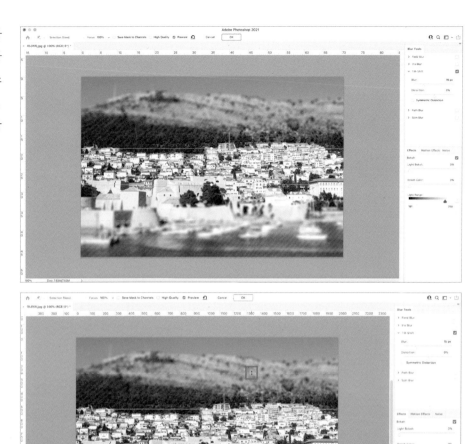

08 상단의 [Options(옵션)] 패널에서 [High Quality(고품질)]에 체크한 후 [OK]를 눌러 적용합니다.

09 [Filter] – [Sharpen(선명 효과)] – [Smart Sharpen(고급 선명 효과)]을 클릭합니다.

10 [Smart Sharpen] 창에서 [Reduce Noise(노이즈 감소)]를 20으로 조절한 후 [Remove(제거)]를 [Gaussian Blur(가우시안 흐림 효과)]로 변경합니다. [OK]를 눌러 효과를 적용합니다.

11 완성된 미니어처 효과를 확인합니다.

04 필터로 비 내리는 효과 만들기

필터를 활용하여 일반 이미지에 비 내리는 효과를 만들어 적용해봅니다.

예제 파일 밤풍경.jpg 완성 파일 비내리는효과_완성.png, 비내리는효과_완성.psd

01 밤풍경.jpg 파일을 실행합니다.

02 [Layers(레이어)] 패널에서 새 레이어를 생성합니다. [Paint Bucket Tool(페인트 통 도구)]로 레이어 전체를 00000으로 칠합니다.

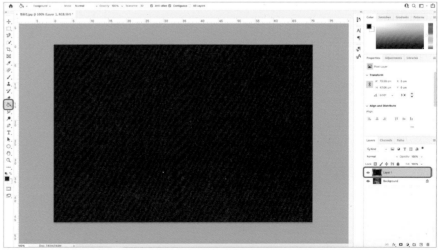

03 'Layer 1' 레이어를 선택한 후 [Filter(필터)] – [Noise(노이즈)] – [Add Noise(노이즈 추가)]를 클릭합니다.

04 [Amount(양)]를 100으로 조절한 후 [OK(확인)]를 눌러 적용합니다.

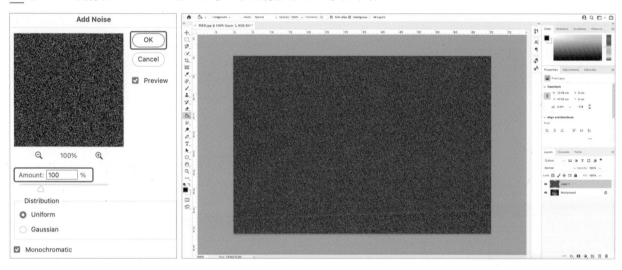

05 [Filter] – [Blur(흐림 효과)] – [Gaussian Blur(가우시안 흐림 효과)]를 클릭한 후 [Radius(반경)]를 1.0으로 조절합니다. [OK]를 눌러 효과를 적용합니다.

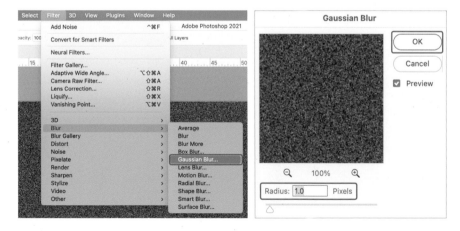

06 [Filter] – [Blur] – [Motion Blur (동작 흐림 효과)]를 클릭한 후 [Distance (거리)]를 20으로 조절합니다.

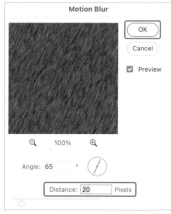

07 [OK]를 눌러 효과를 적용하면 비오는 효과가 만들어집니다.

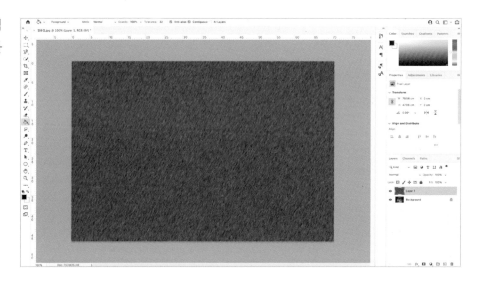

08 이미지에 어울리도록 비오는 효과를 자연스럽게 적용하기 위해 밝기를 조정합니다. [Image(이미지)] – [Adjustments(조정)] – [Level(레벨)]을 클릭한 후 첫 번째 값을 65로 조절합니다.

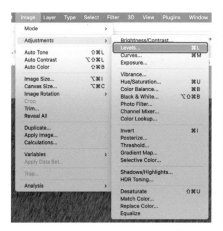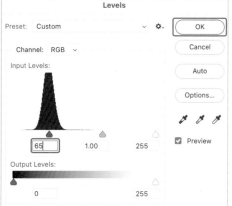

09 비오는 효과가 이전보다
옅어집니다.

10 빗방울을 강조하기 위해 [Filter] – [Sharpen(선명 효과)] – [Sharpen More(더 선명하게)]를 클릭하여 선명한 효과
를 적용합니다.

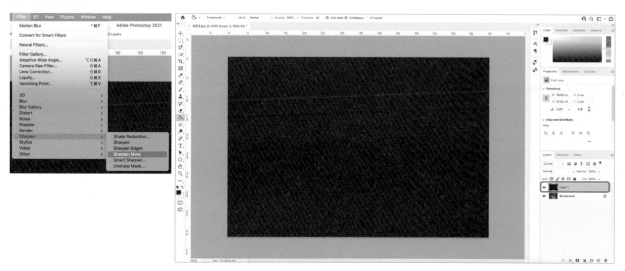

11 'Layer 1' 레이어의 [Blend Mode(혼합 모드)]를 [Screen(스크린)]으로 변경합니다.

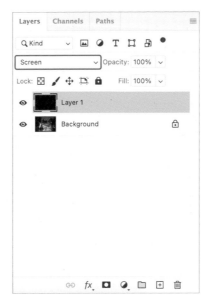

12 비오는 효과가 적용된 완성 이미지를 확인합니다.

05 [Smart Filters] 활용하기

[Smart Filters]는 레이어를 [Smart Object]로 변환한 후 적용하는 필터입니다. [Smart Filters]를 활용할 시 필터를 적용한 후에도 수정하거나 삭제할 수 있어, 다양한 필터를 적용하거나 삭제하며 결과물을 확인해야 할 때 유용하게 사용할 수 있습니다.

예제 파일 자전거.jpg **완성 파일** 스마트필터_완성.png, 스마트필터_완성.psd

01 자전거.jpg 파일을 실행합니다.

02 [Filter(필터)] – [Convert for Smart Filters(고급 필터용으로 변환)]를 클릭합니다. 'To enable re-editable smart filters, the selected layer will be converted into a smart object.(다시 편집할 수 있는 고급 필터를 사용할 수 있도록 선택한 레이어가 고급 개체로 변환됩니다.)'라는 창이 뜨면 [OK(확인)]를 클릭합니다.

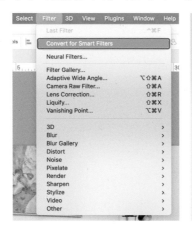

03 'Background' 레이어가 [Smart Object(고급 개체)]로 변환됩니다.

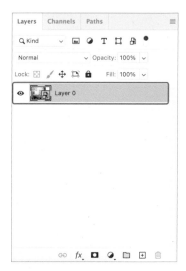

04 [Background Color(배경색)]를 ffffff로 변경합니다. [Filter(필터)] – [Pixelate(픽셀화)] – [Pointillize(점묘화)]를 클릭한 후 [Cell Size(셀 크기)]를 10으로 설정하여 적용합니다.

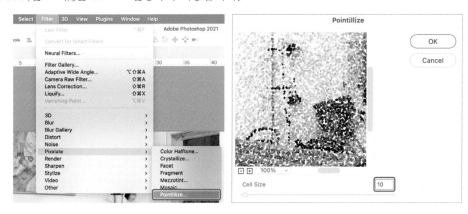

05 일반 필터를 적용할 때와 다르게 레이어 하단에 [Smart Filters]가 생성됩니다.

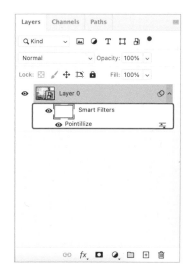

06 [Brush Tool(브러시 도구)]을 클릭한 후 [Foreground Color(전경색)]를 000000으로 변경합니다. [Smart Filters]의 섬네일을 한번 클릭한 후, 브러시로 책상 부분을 칠하면 필터가 적용된 부분이 지워집니다.

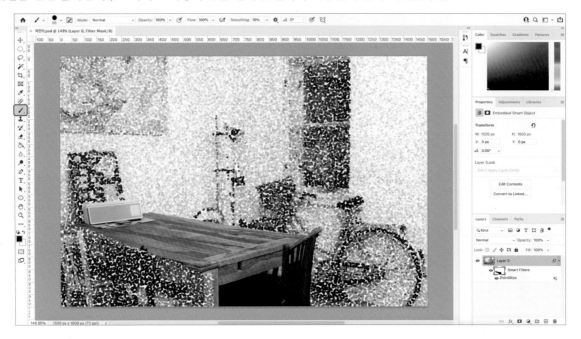

07 작업 내역을 확대하여 꼼꼼하게 책상 부분을 지웁니다. [Foreground Color]를 ffffff로 변경한 후 칠하면 지웠던 부분이 되돌아옵니다. 000000과 ffffff을 번갈아서 활용합니다.

08 브러시로 칠한 책상 부분
만 필터 효과가 지워집니다.

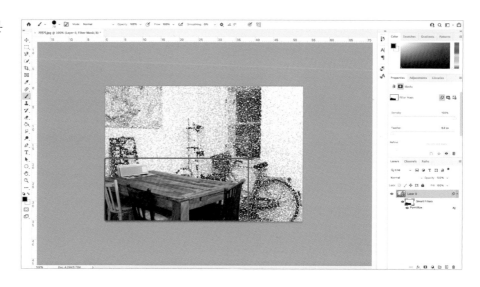

09 [Layers(레이어)] 패널에서 ☰을 더블클릭하면 필터의 [Blend Mode(혼합 모
드)]를 조절할 수 있습니다.

10 [Mode(모드)]를 [Screen
(스크린)]으로 변경한 후
[OK]를 눌러 적용합니다.

11 [Smart Filters]는 여러가지 필터를 한 번에 적용할 수도 있습니다. 'Layer 1' 레이어를 클릭한 채로 [Filter] – [Stylize(스타일화)] – [Tiles(타일)]를 클릭하여 필터를 중복 적용합니다.

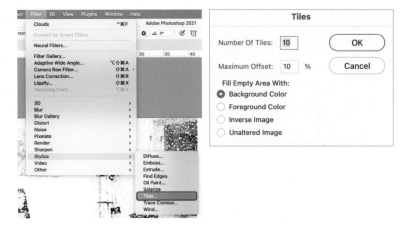

12 완성된 이미지를 확인합니다.

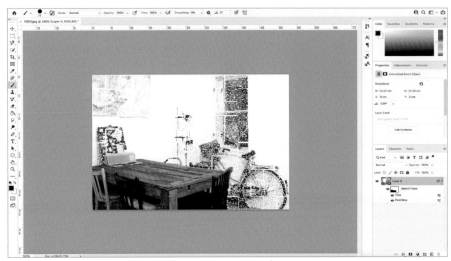

TIP

[Smart Filters] 삭제하기

[Smart Filters]를 클릭한 후 🗑으로 드래그 앤 드롭하면 [Smart Filters]가 삭제됩니다. 삭제 기능으로 [Smart Filters]를 자유롭게 적용하고 활용할 수 있습니다.

04

포토샵 고급 기능

Chapter
01

이미지 보정

[Tools(도구)] 패널의 다양한 도구를 활용하여 이미지를 보정할 수 있습니다. 보정에 활용할 수 있는 도구의 사용법을 익히고 인물, 사물, 배경 등 이미지를 목적에 맞게 보정해봅니다.

01 인물 피부 자연스럽게 보정하기

[High Pass], [Gaussian Blur], [Healing Brush Tool]로 인물의 피부를 부드럽고 자연스럽게 표현하는 방법을 배워봅니다.

예제 파일 사람.jpg　　완성 파일 사람_완성.png, 사람_완성.psd

01 사람.jpg 파일을 실행합니다.

02 [Layers(레이어)] 패널에서 Cmd/Ctrl + J를 눌러 레이어를 복사합니다. 복사한 레이어의 [Blend Mode(혼합 모드)]를 [Overlay(오버레이)]로 변경하면 레이어가 뿌옇게 변합니다.

03 [Filter(필터)] – [Other(기타)] – [High Pass(하이 패스)] 메뉴를 선택한 후 [Radius(반경)]를 9.0으로 설정합니다.

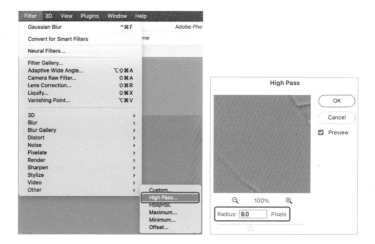

04 [Filter] – [Blur(흐림 효과)] – [Gaussian Blur(가우시안 흐림 효과)]를 선택한 후 [Radius]를 1.0으로 설정합니다.

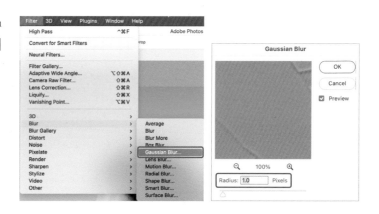

05 Opt/Alt를 누른 채로 ■을 누르면 'Layer 1' 레이어에 마스크가 적용됩니다.

06 [Brush Tool(브러시 도구)]을 선택한 후 옵션 바에서 [Size(크기)]는 80px, 브러시는 [일반 브러시] – [부드러운 원]을 선택합니다. [Foreground Color(전경색)]는 ffffff, [Background Color(배경색)]는 000000으로 설정된 것을 확인하고 피부가 비교적 부드럽지 않은 곳을 드래그합니다. 피부 결이 뭉개지지 않으면서 부드러워집니다.

07 [Healing Brush Tool(복구 브러시 도구)]을 선택하고 [Layers] 패널에서 'Background' 레이어를 더블클릭하여 일반 레이어로 변경합니다.

08 옵션 바에서 [Size]는 50px, [Hardness(경도)]는 48%로 변경합니다.

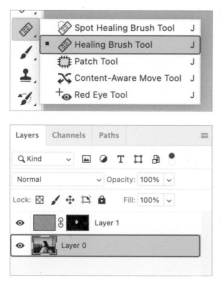

09 잡티없이 매끄러운 피부 부분을 찾아 Opt/Alt를 누른 채로 마우스로 클릭합니다. 이후 잡티가 있는 부분을 클릭하면 자연스럽게 잡티가 사라집니다.

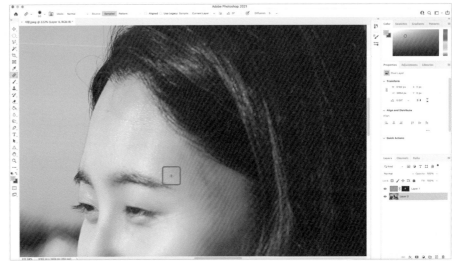

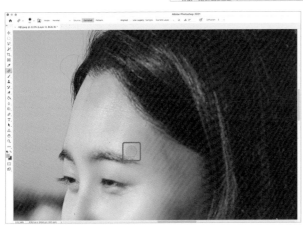

10 완성된 이미지를 확인합니다.

02 [Spot Healing Brush Tool]과 [Patch Tool]을 사용하여 불필요한 요소 제거

[Spot Healing Brush Tool], [Patch Tool]로 이미지에서 불필요한 요소를 제거하는 방법을 배워봅니다. [Spot Healing Brush Tool]은 이미지에서 지우고 자 하는 부분을 선택하면 자동으로 이미지가 보정되는 반면, [Patch tool]은 직접 이미지의 다른 부분을 선택하여 보정할 수 있다는 차이점이 있습니다.

예제 파일 세비야.jpg   완성 파일 세비야_완성.png

01 세비야.jpg 파일을 실행합니다.

02 [Spot Healing Brush Tool(스팟 복구 브러시 도구)]을 선택합니다.

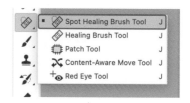

03 옵션 바에서 [Size(크기)]는 164px, [Mode(모드)]는 [Normal(표준)], [Type(유형)]은 [Content-Aware(내용 인식)]로 설정합니다.

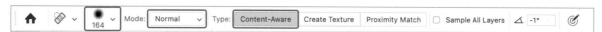

04 레이어에서 삭제하고자 하는 부분인 가로등을 드래그하여 칠합니다. 해당 영역의 이미지가 자동으로 수정됩니다.

05 원하는 결과가 나오지 않은 경우 한번 더 드래그하여 칠하여 정리합니다.

06 [Patch Tool(패치 도구)]을 선택하고 옵션 바에서 [Patch(패치)]를 [Normal]로 설정합니다. [Source(소스)]를 활성화한 후 [Transparent(투명)]의 체크를 해제합니다.

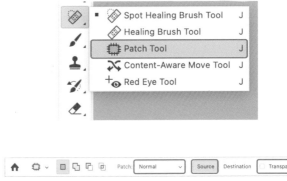

07 [Patch Tool]로 레이어 우측에 삭제하고 싶은 건물 주변을 드래그하여 영역을 선택합니다.

08 선택된 영역을 클릭하여 왼쪽으로 드래그하면 드래그한 영역의 이미지가 선택 영역 안으로 자연스럽게 합성됩니다.

09 Cmd/Ctrl + D를 눌러 선택 영역을 해제합니다. 완성된 이미지를 확인합니다.

[Content-Aware Move Tool]을 사용하여 사물 이동 및 복제하기

[Content-Aware Move Tool]은 이미지의 내용을 인식해서 이동 및 복제할 수 있는 도구입니다. 이미지의 일부 영역을 선택한 후 이동시키고 복제해봅니다.

예제 파일 책.jpg　완성 파일 책_완성.png

01 책.jpg 파일을 실행합니다.

02 [Content-Aware Move Tool(내용 인식 이동 도구)]을 선택합니다.

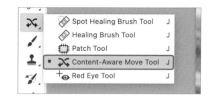

03 이동시키고자 하는 2층의 작은 창문 근처를 드래그하여 영역을 선택합니다.

04 옵션 바에서 [Mode(모드)]를 [Move(이동)]로 설정합니다.

05 선택된 영역을 아래로 드래그하면 선택 영역의 이미지가 이동됩니다.

06 Enter를 누르면 창문이 아래로 이동하면서 기존 영역은 자연스럽게 수정됩니다.

07 옵션 바에서 [Move]를 [Extend(확장)]로 변경합니다.

08 책 주변을 드래그하여 선택 영역을 지정합니다.

09 해당 선택 영역을 왼쪽으로 드래그한 후 `Enter`를 누르면 선택 영역의 이미지가 복제됩니다. 완성된 이미지를 확인합니다.

04 아웃포커싱 효과로 인물 부각시키기

아웃포커싱이란 하나의 물체에 초점을 두고 배경은 흐리게 처리하여 이미지를 돋보이게 만드는 효과입니다. [Blur Tool], [Sharpen Tool]을 사용하여 인물이 부각되도록 이미지를 수정합니다.

예제 파일 바르셀로나.png 완성 파일 바르셀로나_완성.png

01 바르셀로나.png 파일을 실행합니다.

02 [Polygonal Lasso Tool(다각형 올가미 도구)]을 선택합니다.

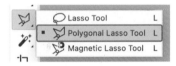

03 사람 주변을 클릭하여 선택 영역을 지정합니다.

04 Cmd/Ctrl + Shift + I를 눌러 선택 영역을 반전시킵니다.

05 [Blur Tool(흐림 효과 도구)]을 선택합니다.

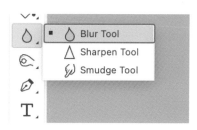

06 옵션 바에서 [Size(크기)]는 396px, [Mode(모드)]는 [Normal(표준)], [Strength(강도)]는 100%로 변경합니다.

07 [Blur Tool]로 선택 영역을 드래그하면 흐림 효과가 적용됩니다.

08 Cmd/Ctrl + Shift + I를 눌러 다시 선택 영역을 반전시킵니다.

09 [Sharpen Tool(선명 효과 도구)]를 선택합니다.

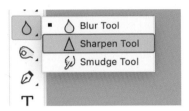

10 선택 영역을 드래그하면 선명 효과가 적용됩니다.

11 Cmd/Ctrl + D를 눌러 선택 영역을 해제합니다. 아웃포커싱 효과가 적용된 완성 이미지를 확인합니다.

05 [Dodge Tool]과 [Burn Tool]로 명도 조절하기

[Dodge Tool]과 [Burn Tool]로 명도 조절 방법을 배워봅니다. 도구를 활용하여 전체 이미지가 아닌 특정 영역의 명도를 조절할 수 있습니다.

예제 파일 샌프란시스코.png   완성 파일 샌프란시스코_완성.png

01 샌프란시스코.png 파일을 실행합니다.

02 [Dodge Tool(닷지 도구)]을 선택합니다.

03 옵션 바에서 [Size(크기)]는 400px, [Range(범위)]는 [Shadows(어두운 영역)], [Exposure(노출)]는 100%로 변경합니다.

04 이미지의 가장 어두운 부분을 드래그하면 어두웠던 영역이 밝게 보정됩니다. 마우스 버튼에서 손을 뗀 후 다시 클릭하면 효과가 한번 더 적용됩니다.

05 옵션 바에서 [Range]를 [Midtones(중간 영역)]로 변경합니다.

06 이미지에서 중간 톤에 해당하는 부분을 드래그하면 밝게 보정됩니다.

07 [Burn Tool(번 도구)]을 선택합니다.

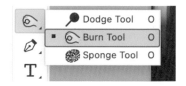

08 옵션 바에서 [Size]는 364px, [Range]는 Midtones, [Exposure]는 20%로 변경합니다.

09 이미지의 밝은 부분을 드래그하면 사진이 어둡게 보정됩니다. 완성된 이미지를 확인하면 전체 이미지의 명도가 적절하게 조절된 것을 확인할 수 있습니다.

06 [Sponge Tool]을 사용하여 채도 조절하기

[Sponge Tool]로 채도 조절 방법을 배워봅니다. 이미지 전체가 아닌 특정 부분의 채도를 강조하여 이미지를 생동감있게 만들 수 있습니다.

예제 파일 코펜하겐.png   완성 파일 코펜하겐_완성.png

01 코펜하겐.png 파일을 실행합니다.

02 [Sponge Tool(스폰지 도구)]을 선택합니다.

03 옵션 바에서 [Size(크기)]는 380px, [Mode(모드)]는 [Desaturate(채도 감소)], [Flow(흐름)]는 100%로 설정합니다.

04 이미지에서 배가 있는 부분을 드래그하면 이미지의 채도가 낮게 보정됩니다.

05 옵션 바에서 [Mode]를 [Saturate(채도 증가)]로 변경합니다.

06 이미지에서 건물이 있는 부분을 드래그하면 건물 부분의 채도가 높아집니다. 채도 조절을 마친 후 완성된 이미지를 확인합니다.

07 얼굴 그림자 및 색 반사 제거하기

도구를 활용하여 인물 사진의 얼굴 그림자를 제거하고 반사된 빛을 제거하는 방법을 배워봅니다. 야외에서 찍은 사진에는 얼굴 그림자가 있는 경우가 많으므로 활용성이 높습니다. 또한, 조명이 강한 무대에서는 얼굴에 색이 반사되기 때문에 공연 사진을 보정할 때 유용하게 활용할 수 있습니다.

예제 파일 옆모습.jpg **완성 파일** 옆모습_완성.png, 옆모습_완성.psd

01 옆모습.jpg 파일을 실행합니다.

02 [Channels(채널)] 패널에서 Cmd/Ctrl을 누른 채로 [RGB] 채널을 클릭하여 영역을 선택합니다.

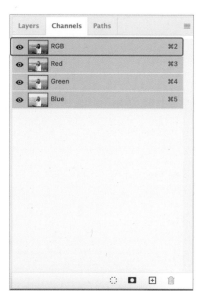

03 이어서 Cmd/Ctrl + Shift + I 를 눌러 선택 영역을 반전시킨 후 Cmd/Ctrl + J 를 눌러서 레이어를 복사합니다.

04 [Layers(레이어)] 패널에서 Opt/Alt 를 누른 채로 ■ 을 클릭하여 마스크를 생성합니다.

05 [Blend Mode(혼합 모드)]를 [Screen(스크린)]으로 변경합니다.

 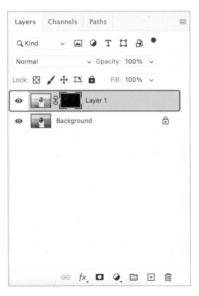 

06 [Brush Tool(브러시 도구)]을 선택합니다.

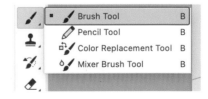

07 옵션 바에서 [Size(크기)]는 80px, [Mode(모드)]는 [Normal(표준)], [Opacity(투명도)]는 100%, [Flow(흐름)]는 100%로 설정합니다.

08 [Layers] 패널에서 'Layer 1'의 마스크를 선택하고 얼굴의 그림자 진 부분을 드래그하면 그림자 진 부분이 밝게 변합니다.

09 [Eraser Tool(지우개 도구)]을 선택한 뒤 얼굴 테두리를 따라 드래그하여 얼굴 밖으로 튀어나오게 색칠된 부분을 깔끔하게 정리합니다.

10 ⊞를 클릭하여 새 레이어를 추가합니다.

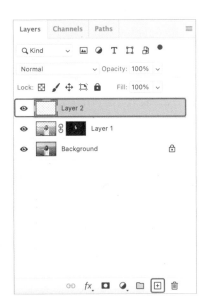

11 새로 추가한 레이어의 [Blend Mode(혼합 모드)]를 [Color(색상)]로 변경합니다.

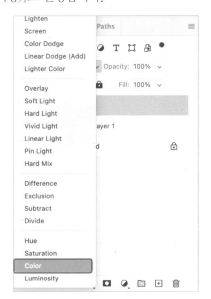

12 [Eyedropper Tool(스포이드 도구)]을 선택합니다.

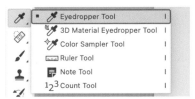

13 Cmd / Ctrl + ⊞를 통해 사진을 적절히 확대합니다. 얼굴에서 파랗게 반사된 부분의 옆을 클릭하여 색을 추출합니다.

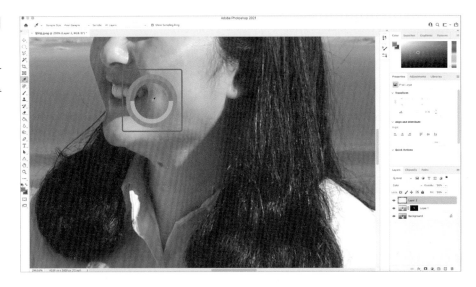

14 다시 [Brush Tool]을 선택하고 [Size]를 30px로 변경합니다.

15 파랗게 반사된 부분을 드래그하여 칠해주면 기존 얼굴 색과 비슷하게 맞춰집니다.

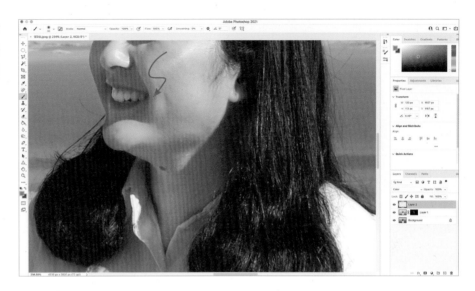

16 기존의 이미지에서 그림자와 색 반사를 제거하여 더욱 자연스러운 인물 사진이 연출됩니다. 완성된 이미지를 확인합니다.

02

이미지 합성

[Pattern Stamp Tool]과 [Clone Stamp Tool]로 새로운 패턴의 이미지를 만들거나 이미지의 일부를 지우는 방법을 배워봅니다. 레이어에 마스크를 씌우고, [Clipping Mask]와 레이어 [Blend Mode]의 원리를 이해하여 다양한 방법으로 이미지를 합성해봅니다.

01 [Pattern Stamp Tool]로 패턴 만들기

[Pattern Stamp Tool]을 활용하여 이미지와 문자를 조합한 새로운 패턴을 만들고 적용해봅니다.

예제 파일 복숭아.jpg 완성 파일 복숭아_완성.png, 복숭아_완성.psd

01 복숭아.jpg 파일을 실행합니다.

02 [Rectangular Marquee Tool(사각형 선택 윤곽 툴)]로 패턴으로 만들고자 하는 영역을 정의합니다. 먼저 복숭아 패턴을 만들겠습니다. [Rectangular Marquee Tool]로 복숭아 두 알이 포함되도록 Shift 를 누른 상태에서 드래그하여 사각형 선택 영역을 생성합니다.

03 [Edit(편집)] – [Define Pattern(패턴 정의)]을 클릭합니다.

04 [Pattern Name(패턴 이름)] 창에서 이름을 설정한 후 [OK(확인)]를 클릭합니다.

05 [Rectangular Marquee Tool]로 글씨가 있는 영역을 드래그한 후 [Define Pattern]을 선택합니다. [Pattern Name] 창에서 이름을 확인합니다.

06 [Layers] 패널에서 새 레이어를 생성합니다.

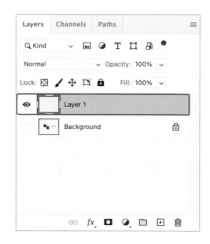

07 [Paint Bucket Tool(페인트 통 도구)]로 'Layer 1' 레이어를 칠합니다.

08 [Pattern Stamp Tool(패턴 도장 도구)]을 선택합니다.

09 브러시의 [Size(크기)]를 150px, [Hardness(경도)]를 0%로 설정합니다.

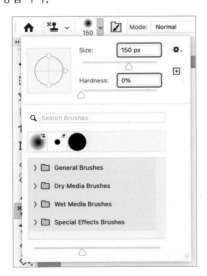

10 만들어둔 패턴 중 글씨 패턴 'Pattern 02'를 선택합니다.

11 [Pattern Stamp Tool]로 작업 영역을 드
래그하여 글씨 패턴을 그립니다.

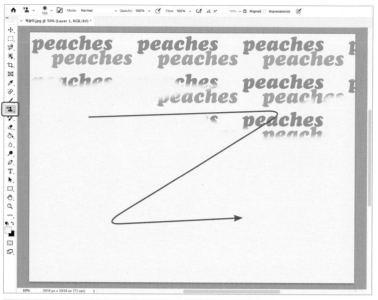

12 옵션 바에서 복숭아 패턴을 선택합니다.

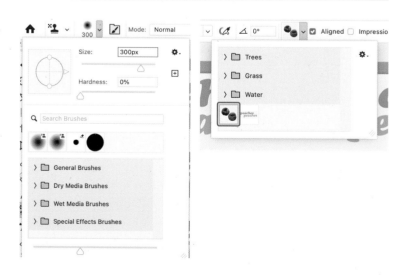

13 [Pattern Stamp Tool]로
드래그하여 복숭아 패턴을
그립니다.

14 완성된 이미지를 확인합
니다.

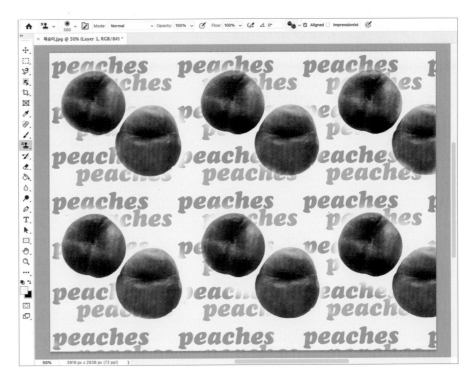

02 [Clone Stamp Tool]로 이미지의 일부 영역 지우기

[Clone Stamp Tool]은 도장 모양대로 종이에 도장을 찍을 수 있는 것처럼 이미지의 일부분을 복제하여 도장처럼 찍어내는 도구로 자연스럽게 이미지의 일부분을 덮을 수 있습니다.

`예제 파일` 모래사장.jpg `완성 파일` 모래사장_완성.png, 모래사장_완성.psd

01 모래사장.jpg 파일을 실행합니다.

02 [Clone Stamp Tool(복제 도장 도구)]을 선택합니다.

03 도장 브러시의 [Size(크기)]는 50px, [Hardness(경도)]는 0%로 조절합니다.

04 이미지를 확대하고 Opt/Alt를 눌러 복제하고자 하는 기준점을 선택합니다. 모래 사장에 앉아있는 사람을 지우기 위해 사람 옆의 모래 부분을 선택합니다.

05 [Clone Stamp Tool]로 찍을 부분을 클릭하여 브러시로 지워 나갑니다.

06 하나의 [Clone Stamp Tool]을 연속해서 찍으면 부자연스러워지기 때문에 다시 한번 Opt/Alt를 눌러 새롭게 복제할 기준점을 선택합니다.

07 새로운 [Clone Stamp Tool]로 인물을 지웁니다.

08 같은 방법으로 [Clone Stamp Tool]을 활용하여 빨간 의자도 깨끗하게 지웁니다.

09 모래사장에 있던 인물과 빨간 의자가 지워진 결과를 확인합니다.

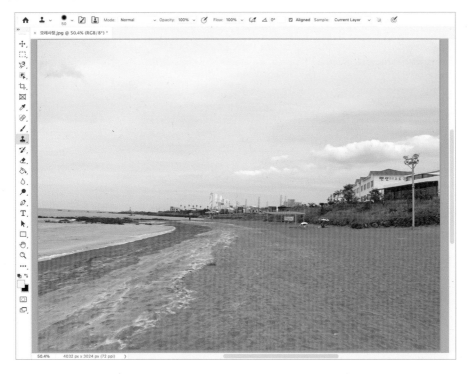

03 레이어 마스크 활용하기

합성의 기본인 레이어 마스크를 활용하여 배경만 흑백으로 조절해봅니다.

예제 파일 광화문.jpg　완성 파일 광화문_완성.png, 광화문_완성.psd

01 광화문.jpg 파일
을 실행합니다.

02 [Layers(레이어)] 패널에서 Cmd/Ctrl + J를 눌러 레
이어를 복제합니다.

03 복제된 레이어가 선택된 상태에서 [Image(이미지)]
– [Adjustments(조정)] – [Desaturate(채도 감소)]를 선
택합니다.

04 이미지의 채도가 모두 사라져 흑백으로 변경됩니다.

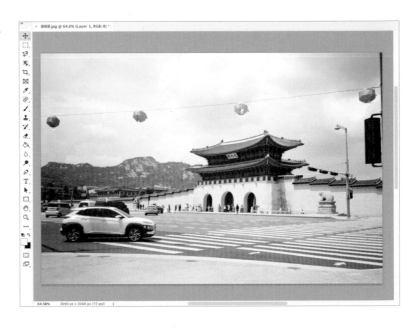

05 [Layers] 패널 하단에서 ◻을 눌러 마스크를 추가합니다.

06 [Brush Tool(브러시 도구)]을 선택합니다.

07 브러시의 [Size(크기)]를 36px, [Hardness(경도)]를 100%로 설정합니다.

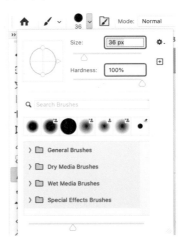

08 [Foreground Color(전경색)]는 000000, [Background Color(배경색)]는 ffffff로 색상을 설정합니다.

09 색상을 강조하고자 할 부분을 브러시로 칠합니다. 먼저 연등의 색상이 나타나도록 합니다.

10 광화문도 브러시로 칠해 원래 색상이 나타나도록 합니다. 브러시로 칠할 때 칠하는 부분에 따라 ⬚를 눌러 브러시를 확대하거나 ⬚를 눌러 브러시를 축소하여 사용합니다.

11 광화문이 강조된 이미지를 완성합니다.

04 클리핑 마스크 활용하기

틀을 만들고 그 안에 이미지를 넣는 클리핑 마스크는 자주 사용하는 마스크 기능 중 하나입니다. 타원에 맞춰 클리핑 마스크를 씌워봅니다.

예제 파일 하늘꽃.psd **완성 파일** 하늘꽃_완성.png, 하늘꽃_완성.psd

01 하늘꽃.psd 파일을 실행합니다. [Layers(레이어)] 패널에는 'Background' 레이어와 '꽃' 레이어가 있습니다.

02 [Layers] 패널에서 'Background' 레이어와 '꽃' 레이어 사이에 새 레이어를 추가합니다.

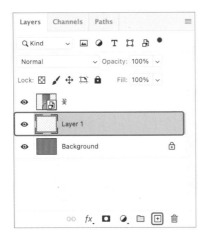

03 [Ellipse Tool(타원 도구)]을 선택합니다.

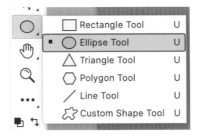

04 이미지 크기와 비슷하게 타원을 그린 후 안내선에 맞춰 타원의 위치를 조절합니다.

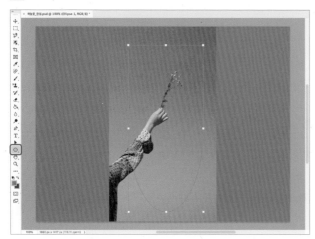 

05 [Layers] 패널에서 '꽃' 레이어를 선택하고 마우스 오른쪽 버튼을 눌러 [Create Clipping Mask(클리핑 마스크 만들기)]를 클릭합니다.

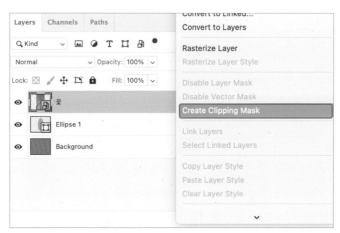 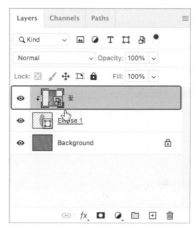

06 클리핑 마스크가 적용되어 타원 마스크에 맞춰 원본 이미지가 잘린 것을 확인할 수 있습니다.

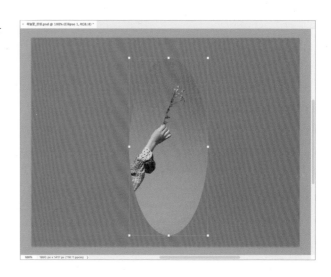

07 'Ellipse 1' 레이어를 선택하고 [Appearance(모양)] 패널에서 타원의 [Stroke(획)]의 두께를 3px, 색상을 ffffff로 변경합니다.

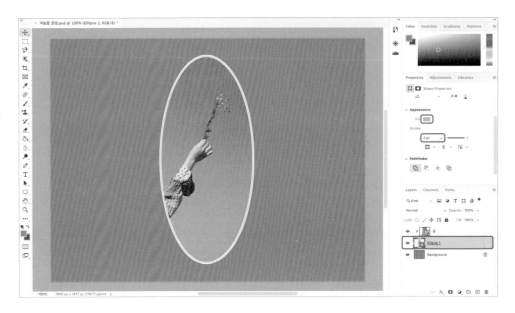

08 완성된 이미지를 확인합니다.

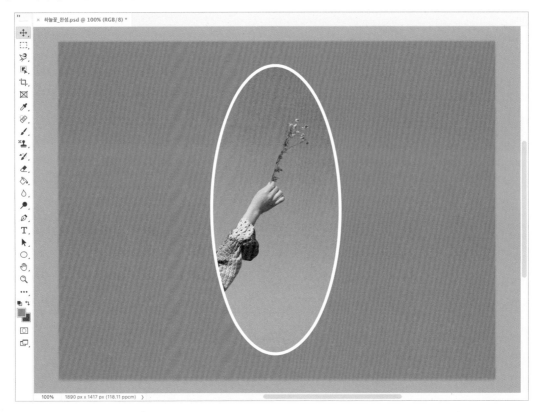

05 [Blend Mode] 활용하기

[Blend Mode]를 활용해 두 장 이상의 사진을 자연스럽게 합성합니다.

예제 파일 시티뷰.psd, 구름.jpg　　완성 파일 시티뷰_완성.png, 시티뷰_완성.psd

01 시티뷰.psd 파일을 실행합니다. [Layers(레이어)] 패널에는 '스카이뷰' 레이어와 '붉은노을' 레이어가 있습니다.

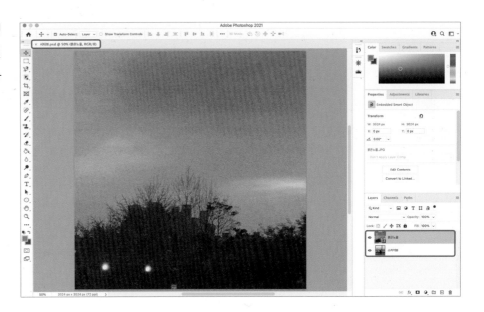

02 [Layers] 패널에서 '붉은노을' 레이어의 [Blend Mode(혼합 모드)]를 [Overlay(오버레이)]로 설정합니다.

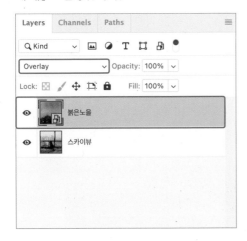

03 Cmd/Ctrl + J를 눌러 '붉은노을' 레이
어를 복제합니다. 복제한 레이어의 [Blend
Mode]를 [Soft Light(소프트 라이트)]로 설
정합니다.

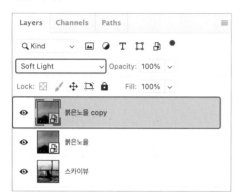

04 [File(파일)] − [Place Embedded(포함
가져오기)]를 클릭하여 구름.jpg 파일을 불
러옵니다.

05 Enter를 눌러 이미지를 포함합니다.

06 Cmd/Ctrl + T를 눌러 '구름' 레이어의 크기와 위치, 각도를 조절합니다.

07 [Layers] 패널에서 '구름' 레이어의 [Blend Mode]를 [Pin Light(핀 라이트)]로 설정합니다.

08 혼합된 이미지 결과를 확인하면서 각 레이어에서 [Blend Mode]의 [Opacity(불투명도)]를 적절하게 조절합니다.

09 [Layer(레이어)] – [Flatten Image(배경으로 이미지 병합)]를 클릭합니다.

10 [Layers] 패널에 있던 모든 레이어가 하나의 'Background' 레이어로 병합됩니다.

11 [Adjustments(조정)] 패널에서 [Color Lookup(색상 검색)]을 선택합니다.

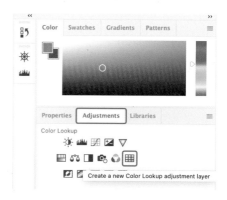

12 [3DLUT File(3DLUT 파일)] 목록에서 [EdgyAmber. 3DL]을 선택하고 이미지가 자연스러워질 때까지 [Opacity]를 조절합니다.

13 완성된 이미지를 확인합니다.

애니메이션

포토샵의 타임라인 기능을 활용하여 움직이는 이미지를 편집하고 제작하는 방법을 배워봅니다. 영상 편집 프로그램이 없어도 포토샵을 통해 간단하게 영상을 편집할 수 있습니다.

01 GIF 애니메이션 만들기

포토샵 기능으로 움직이는 GIF 애니메이션 파일을 만드는 방법을 배워봅니다.

예제 파일 애니메이션.psd **완성 파일** 애니메이션_완성.gif, 애니메이션_완성.psd

01 애니메이션.psd 파일을 실행합니다. [Layers(레이어)] 패널에는 'background' 레이어와 '안', '녕', '하', '세', '요' 레이어가 있습니다.

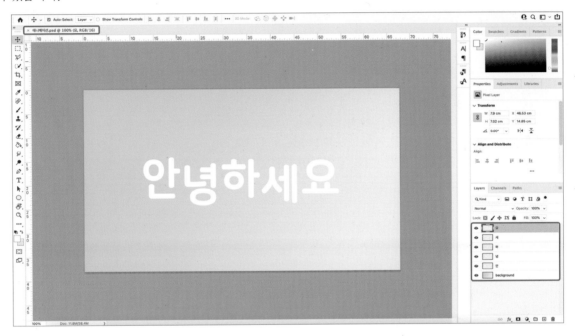

02 [Window(창)] – [Timeline(타임라인)]을 클릭하여 [Timeline] 패널을 작업 영역에 추가합니다.

03 이미지로 움직이는 애니메이션을 구현하기 위해 [Create Frame Animation(프레임 애니메이션 만들기)]을 클릭합니다. 이미지가 타임라인에 추가됩니다.

04 [Timeline] 패널의 우측 메뉴에서 [Panel Options(패널 옵션)]를 클릭합니다. [Animation Panel Options(애니메이션 패널 옵션)] 창이 나타나면 [Thumbnail Size(축소판 크기)]를 가장 아래의 크기로 지정한 후 [OK(확인)]를 클릭합니다.

05 [Timeline] 패널에서 첫 번째 이미지를 클릭한 후 모든 텍스트 레이어의 눈을 끕니다.

06 버튼을 눌러 프레임을 추가한 후 '안' 레이어의 눈을 켭니다.

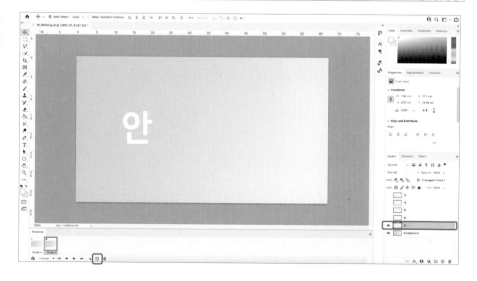

07 같은 방식으로 프레임을 추가한 후 '안' 레이어와 '녕' 레이어의 눈을 켭니다. 차례대로 프레임을 추가하여 '안녕하세요' 문장이 나오도록 만듭니다.

 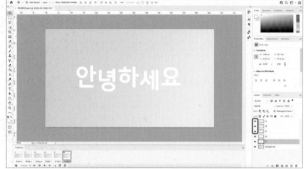

08 [Timeline] 패널에는 총 6개의 프레임이 있습니다. Shift를 누른 후 모든 프레임을 클릭하여 선택합니다.

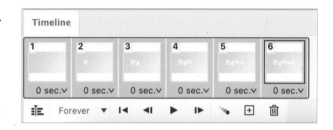

09 0 sec(0초) 위에서 마우스 오른쪽 버튼을 클릭한 후 0.1 seconds(0.1초)를 선택합니다. 프레임이 움직이는 속도를 조절하는 기능으로 0.1초마다 프레임이 변경된다는 의미입니다.

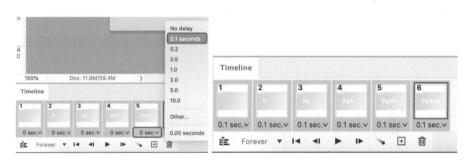

10 ▶ 버튼을 눌러 움직이는 이미지를 확인합니다. 정상적으로 텍스트가 하나씩 나타나면 ■ 버튼을 눌러 움직이는 이미지를 정지합니다.

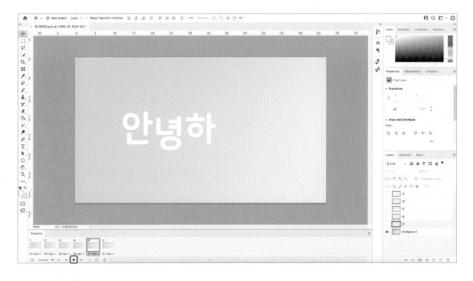

11 [Forever(계속)]를 누르면 반복 정도를 설정할 수 있습니다. 한 번만 반복되기를 원한다면 [Once(한번)]를, 3번 반복되기를 원한다면 [3 times(3번)]를, 계속 반복되기를 원한다면 [Forever]를 선택합니다. 이번 예제에서는 [Forever]를 클릭합니다.

12 애니메이션 형식으로 이미지를 저장하기 위해 [File(파일)] – [Export(내보내기)] – [Save for Web (Legacy)(웹용으로 저장 (레거시))]를 클릭합니다.

13 이미지 저장 옵션을 [GIF]로 선택한 후 [Transparency(투명도)]의 체크를 해제합니다. [Interlaced(인터레이스)]와 [Convert to sRGB(sRGB로 변환)]에 체크한 후 [Save(저장)]를 클릭합니다.

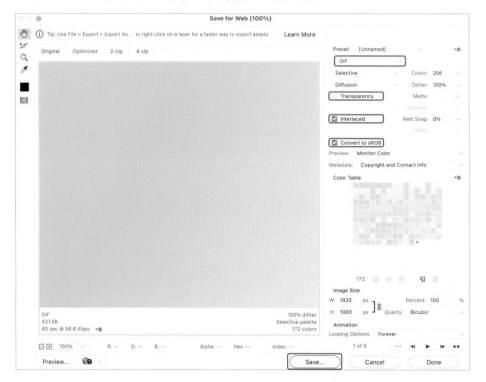

14 저장할 파일명과 위치를 설정한 후 [Save]를 클릭합니다.

15 이미지를 저장한 위치에서 애니메이션 파일을 확인합니다. 인터넷 브라우저를 통해 이미지를 열면 정상적으로 애니메이션이 작동하는 것을 확인할 수 있습니다.

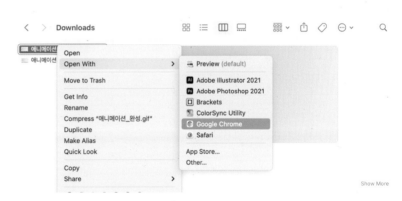

간단한 동영상 파일 편집하기

포토샵은 이미지 편집 프로그램이지만 포토샵의 기능을 활용하여 간단하게 영상을 편집하고 내보낼 수 있습니다. 포토샵을 활용한 영상 편집 방법을 배워봅니다.

예제 파일 제주바당.mov 완성 파일 제주바당_완성.psd, 제주바당_완성.mp4

01 제주바당.mov 파일을 실행합니다. 작업 영역에는 영상의 프레임이 나오며 아래에는 [Timeline(타임라인)] 패널이 자동으로 생성됩니다. ▶ 버튼을 누르면 영상이 재생됩니다.

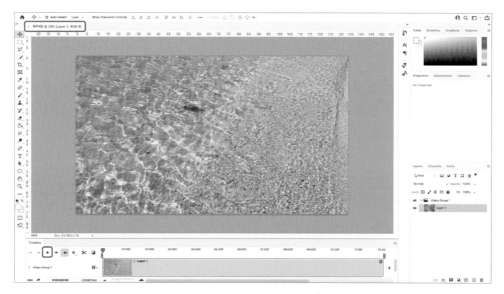

02 [Horizontal Type Tool(수평 문자 도구)]로 영상 앞에 나올 타이틀을 작성합니다. 'Wave'를 적은 후 [폰트]는 Merriweather, [크기]는 600pt로 변경합니다.

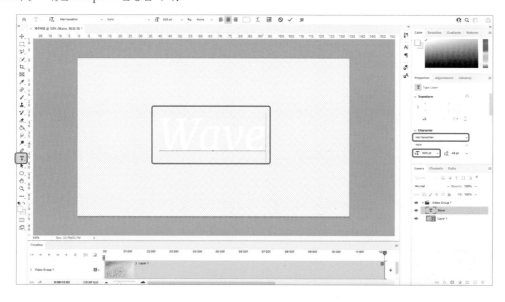

03 'Wave' 문자 레이어를 클릭한 후 'Video Group 1'의
상단으로 순서를 변경합니다.

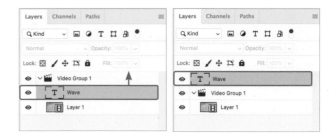

04 [Timeline] 패
널의 크기를 조절한
후 'Wave'의 위치를
'Layer 1'의 위로 옮깁
니다. 텍스트를 이미
지 위로 가져올 수 있
습니다.

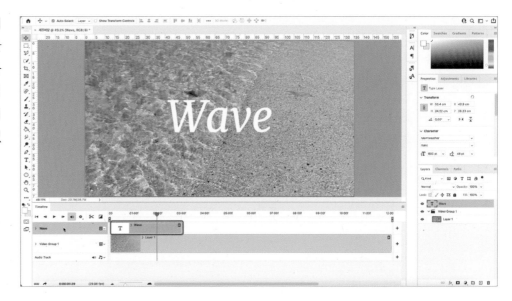

05 'Wave'의 프레임
옵션을 조절합니다.
02:00에 재생 마커를
옮긴 후 [Opacity(투
명도)]의 키프레임을
한번 클릭합니다.

06 03:00에 가까운 부분
으로 재생 마커를 옮긴 후
[Opacity]의 키프레임을 한
번 클릭합니다. 총 2개의 키
프레임이 생성됩니다. 두 번
째 키프레임을 클릭한 채로
[Layers] 패널의 'Wave' 문자
레이어를 클릭하고 [Opacity]
를 0%로 변경합니다.

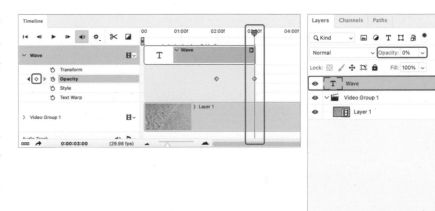

07 ▶ 버튼을 누르면 텍스트가 점점 사라지는 효과를 확인할 수 있습니다. [Layers] 패널에서 'Layer 1' 레이어를 클릭한 후 [Adjustments(조정)] 패널을 클릭합니다. [Brightness/Contrast(명도/대비)]를 클릭한 후 [Brightness]를 35로, [Contrast]를 10으로 변경합니다.

08 작업 영역을 확인하면 이미지의 밝기와 채도가 변경된 것을 확인할 수 있습니다. [Layers] 패널의 'Layer 1'에는 조정 레이어가 적용된 것을 확인할 수 있습니다.

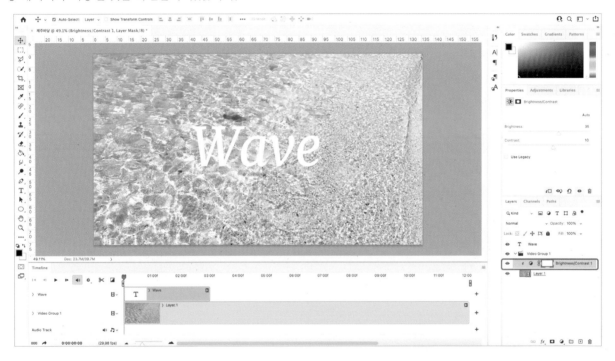

09 편집한 영상을 영상 파일로 저장하기 위해 [File(파일)] – [Export(내보내기)] – [Render Video(비디오 렌더)]를 클릭합니다.

10 [Name(이름)]에는 저장할 영상의 이름을 작성하고, [Select Folder(폴더 선택)]를 눌러 저장 위치를 설정합니다. [Format(형식)]은 [H.264]를 선택하고 나머지는 기본 값을 사용합니다. [Render(렌더)]를 클릭합니다.

11 영상 렌더링이 완료될 때까지 기다립니다. 컴퓨터 사양에 따라 렌더링 속도는 차이가 날 수 있습니다.

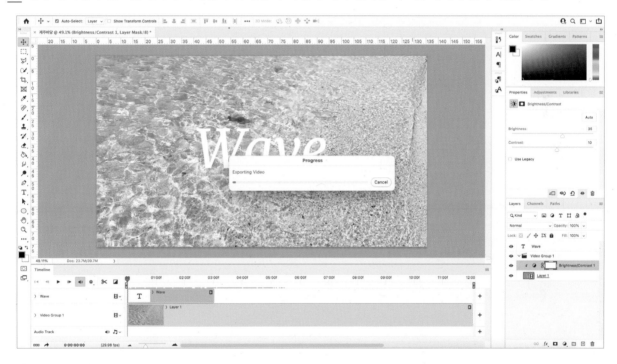

12 저장 위치에서 완성된 영상을 확인합니다.

05

적재적소에 활용하는
실전 예제

01 그래픽 포스터

[Mixer Brush Tool]를 활용해 그레이디언트 배경의 그래픽 포스터를 만들어봅니다. [Filter]의 [Blur]와 [Distort]로 텍스트에도
다양한 효과를 더해 포스터의 완성도를 높입니다.

예제 파일 포스터.psd   완성 파일 포스터_완성.png, 포스터_완성.psd

01 포스터.psd 파일을 실행합니다.

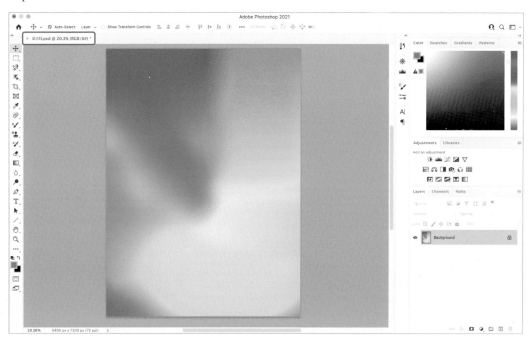

02 [Layers(레이어)] 패널에서 새 레이어를 생성합니다.

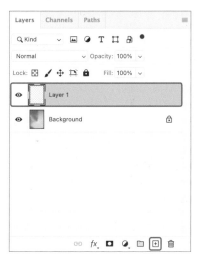

03 [Tools(도구)] 패널에서 [Mixer Brush Tool(혼합 브러시 도구)]을 선택합니다.

04 [Window(창)] – [Brush Settings(브러시 설정)]를 선택합니다. 브러시의 [Size(크기)]를 1000px, [Hardness(경도)]를 30%, [Spacing(간격)]은 3%로 설정합니다.

05 브러시 설정을 완료한 후, 원본 레이어를 보호하면서 새 레이어에 브러시 효과를 적용할 수 있도록 [Sample All Layers(모두 샘플링)]에 체크합니다.

06 브러시의 옵션 중 [Wet(축축함)]은 물의 농도를 조절해줍니다. [Wet]이 0%일 때는 브러시가 불투명하게 사용되지만 [Wet]이 100%일 때는 기존 이미지에 물을 탄 것처럼 자연스러운 브러시 효과가 나타납니다. 이번 예제에서 [Wet]은 80%로 설정합니다.

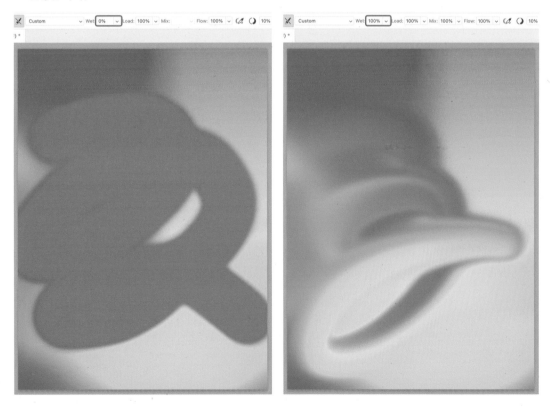

07 설정이 완료된 [Mixer Brush Tool]로 이미지 위를 낙서하듯 드래그하여 형태를 만듭니다. 형태는 이미지에 꽉차게 가장자리부터 그려주는 것이 좋습니다.

08 'Layer 1' 레이어를 선택하고 Cmd/Ctrl + J를 눌러 복사본 'Layer 2'를 생성합니다.

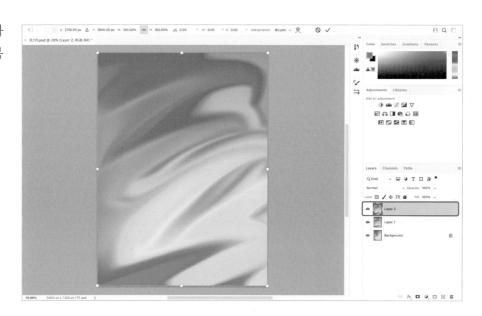

09 'Layer 2'를 선택하고 Cmd/Ctrl + T를 눌러 'Layer 1'보다 살짝 작은 크기로 조절하고 정중앙에 위치시킵니다.

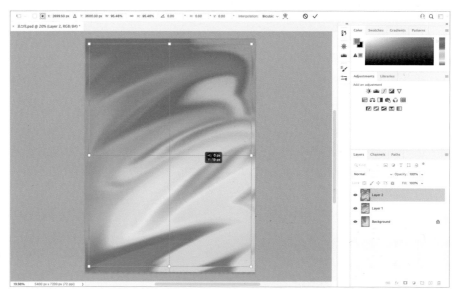

10 다시 'Layer 1'을 선택하고 [Opacity(불투명도)]를 50%로 조절합니다.

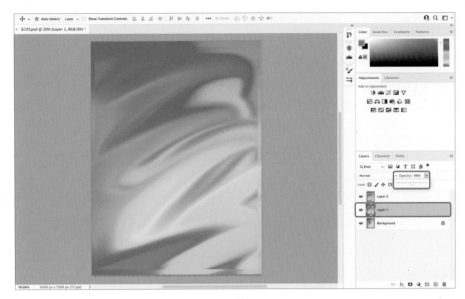

11 도구 패널에서 [Horizontal Type Tool(수평 문자 도구)]를 선택하여 'No Music No Life Know Music Know Life'를 입력합니다.

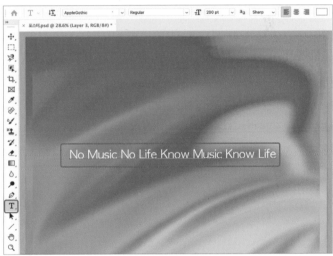

12 [폰트]를 NewYork으로 변경하고 [Size(크기)]를 320pt로 조절합니다.

13 문자 레이어가 선택된 상태에서 [Filter(필터)] − [Distort(왜곡)] − [Twirl(돌리기)]을 선택합니다.

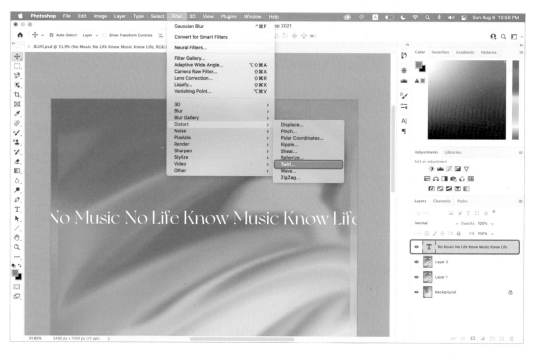

14 'This type layer must be rasterized or converted to a smart object before proceeding. If rasterized, its text will no longer be editable.(진행하기 전에 이 문자 레이어를 래스터화하거나 고급 개체로 변환해야 합니다. 래스터화할 경우 레이어의 텍스트는 더 이상 편집할 수 없습니다.)'라고 써있는 알림창 내용을 확인하고 [Convert To Smart Object(고급 개체로 변환)]를 선택합니다.

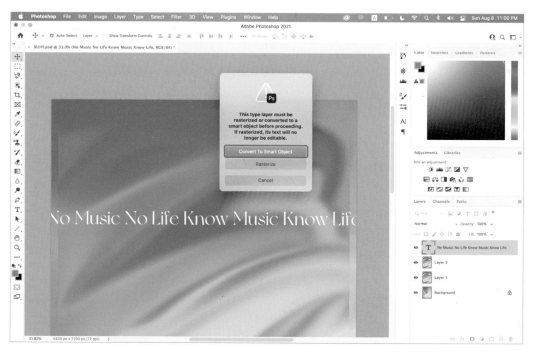

15 [Twirl] 창에서 [Angle(각도)]을 72로 설정하고 [OK(확인)]를 누릅니다. 흰색 텍스트라 잘 보이지 않지만 미리보기의 크기를 조절하여 [Twirl]의 결과를 확인할 수 있습니다.

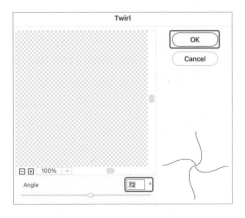

16 [Twirl] 효과가 적용된 텍스트를 확인합니다.

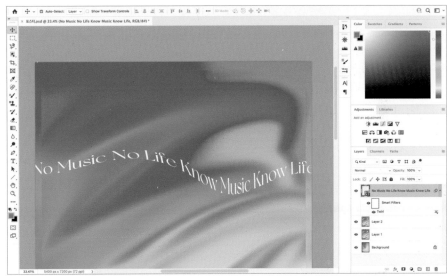

17 문자 레이어가 선택된 상태에서 [Filter] − [Blur(흐림 효과)] − [Gaussian Blur(가우시안 흐림 효과)]를 선택합니다.

18 [Gaussian Blur] 창에서 [Radius(반경)]를 15.0 Pixels(픽셀)로 설정하고 [OK]를 누릅니다.

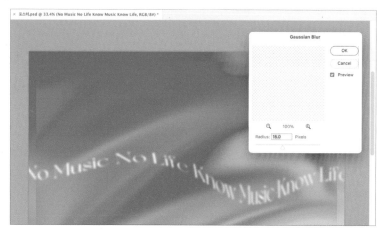

19 [Gaussian Blur] 효과까지 적용되어 이미지에 더욱 자연스럽게 묻어난 텍스트 레이어를 확인하고, Cmd/Ctrl + J를 두 번 눌러 레이어를 복제합니다.

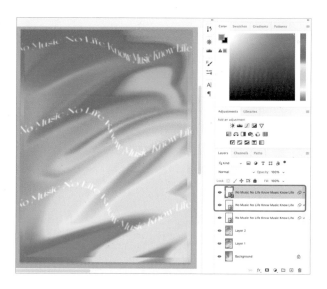

20 Cmd/Ctrl + T로 문자 레이어를 원하는 곳에 배치합니다.

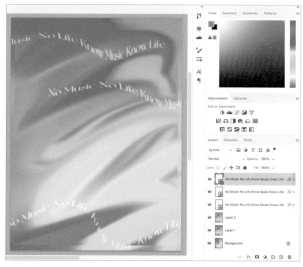

21 [Horizontal Type Tool]로 타이틀을 작성합니다. [폰트]는 a Abstract Groovy, [크기]는 700pt로 설정합니다.

22 [Horizontal Type Tool]로 본문 내용을 작성하고 가운데 정렬을 맞춥니다. [폰트]는 Bebas, [크기]는 200pt로 설정합니다.

23 [Line Tool(선 도구)]로 [Stroke(획)]가 2pt인 선을 그립니다. 본문 내용에 닿지 않도록 양쪽에 두 개의 선을 그립니다.

24 완성된 포스터를 확인합니다.

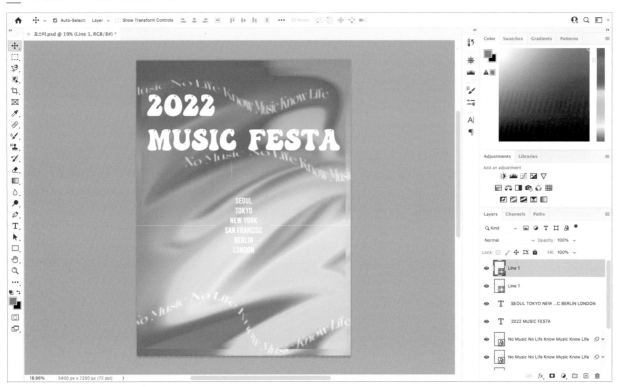

02 카드뉴스

대지를 생성하고 이미지와 사각형, 선, 텍스트를 활용하여 깔끔한 카드뉴스를 제작합니다.

예제 파일 제주도 풍경.jpg, 서귀다원.jpg, 섭지코지.jpg, 금오름.jpg
완성 파일 카드뉴스_완성 1.png, 카드뉴스_완성 2.png, 카드뉴스_완성 3.png, 카드뉴스_완성 4.png, 카드뉴스_완성.psd

01 포토샵을 실행하고 [New(새로 만들기)]를 선택합니다. [New Document(새로 만들기 문서)] 창에서 파일명을 입력하고, [Width(폭)]와 [Height(높이)]를 각각 1080px로 설정합니다. [Artboards(아트보드)]에 체크한 후 [Create(만들기)]를 누릅니다.

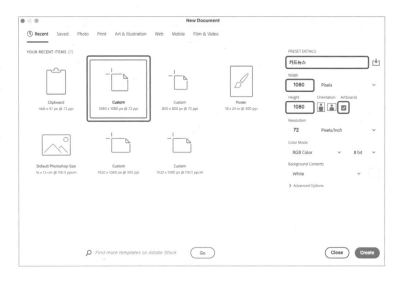

02 [Artboard 1(대지 1)]이 생성되었습니다. [Layers(레이어)] 패널을 살펴보면 단순히 'Layer 1'이 생긴 것이 아니라 'Artboard 1'이라는 상위 항목 아래에 'Layer 1'이 위치한 것을 알 수 있습니다.

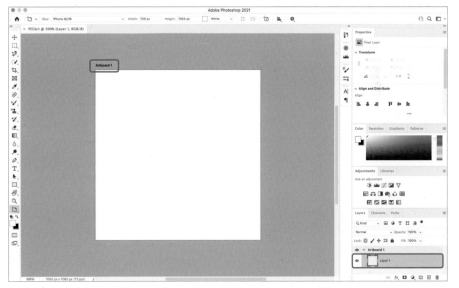

03 [Artboard Tool(대지 도구)]로 [Artboard 1] 이름을 선택하면 좌우상하로 [+] 버튼이 나타납니다. 아래에 있는 [+] 버튼을 누릅니다.

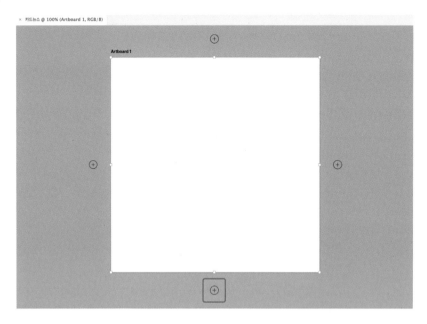

04 바로 아래에 [Artboard 1]과 같은 사이즈의 대지 [Artboard 2]가 생성됩니다. [Layers] 패널에도 'Artboard 2' 항목이 생성된 것을 확인할 수 있습니다.

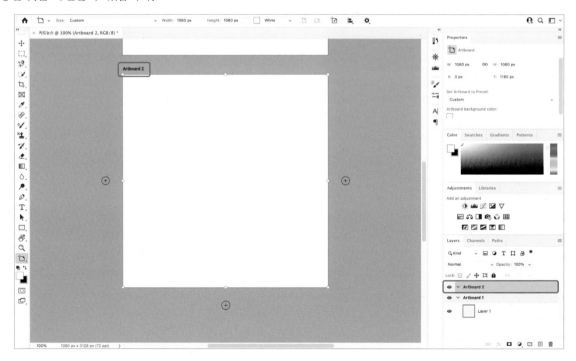

05 같은 방식으로 아래에 대지를 두 개 더 생성합니다.

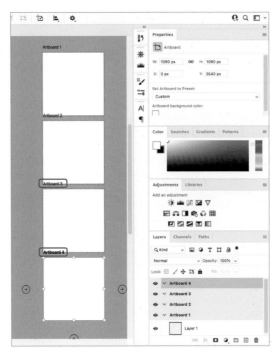

06 작업하기 편하게 [Artboard 1]에 맞춰 화면을 이동 및 확대하고, [Artboard 1]을 선택합니다. 제주도 풍경.jpg 파일을 Cmd/Ctrl + C로 복사하고 Cmd/Ctrl + V를 눌러 [Artboard 1]에 붙여넣습니다.

07 `Cmd`/`Ctrl` + `T`를 누르고 이미지의 위치와 크기를 적절하게 조정합니다.

08 `Shift`를 누르고 [Rectangle Tool(사각형 도구)]로 [Artboard 1]에 맞춰 정사각형을 그립니다.

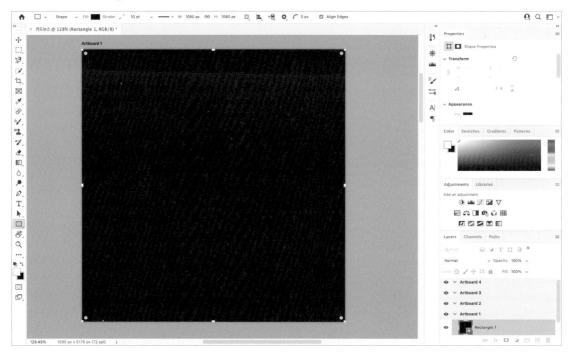

09 사각형의 색상을 0f3316으로 변경하고, [Layers] 패널에서 [Opacity(불투명도)]를 50%로 조절합니다.

10 [Horizontal Type Tool(수평 문자 도구)]을 선택합니다.

11 카드뉴스 제목을 입력하고, [폰트]는 Gmarket Sans Bold, [크기]는 100pt로 조정합니다.

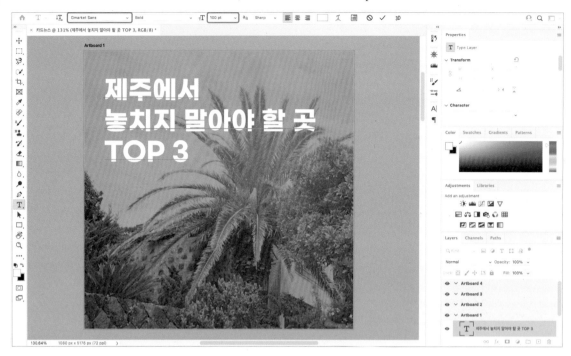

12 [Line Tool(선 도구)]을 이용해 제목이 끝나는 부분에 포인트가 되도록 5pt 의 선을 그립니다.

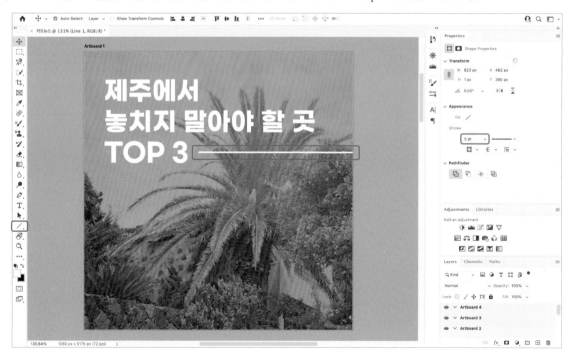

13 제목 중에 포인트를 주고 싶은 부분은 눈에 띄는 색상으로 강조합니다. '제주'의 색상을 ffa42f로 변경하고 카드 뉴스 첫 번째 장을 완성합니다.

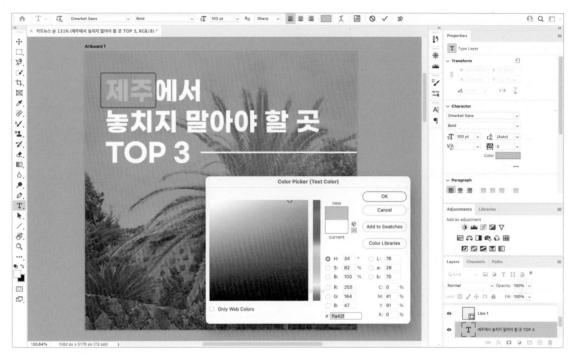

14 두 번째 대지 [Artboard 2]를 선택하고 서귀다원.jpg 파일을 대지로 드래그 앤 드롭합니다.

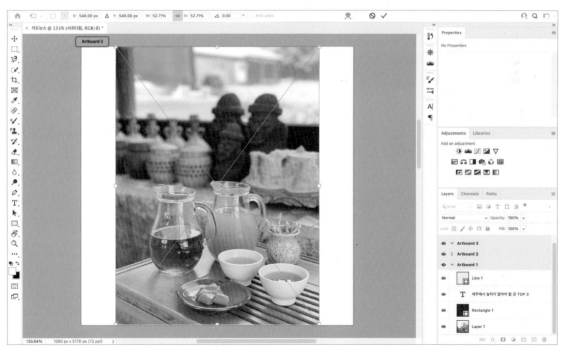

15 [Artboard 2] 크기에 맞춰 이미지를 조절하고 확인을 눌러 이미지를 포함시킵니다.

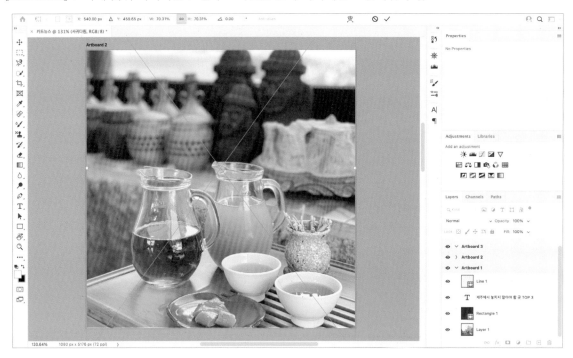

16 [Rectangle Tool]로 카드뉴스 내용을 적을 수 있는 크기의 사각형을 그립니다. 사각형 색상을 ffffff로 설정하고 사각형 모서리를 둥글게 조절합니다.

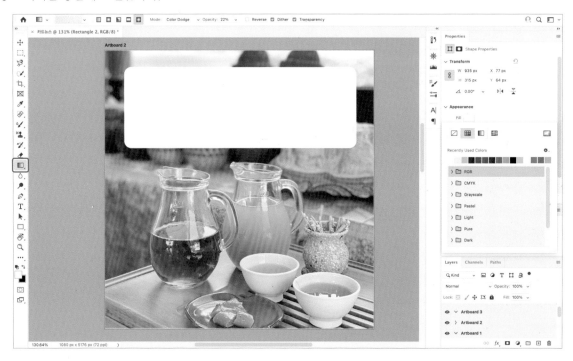

17 [Layers] 패널에서 [Opacity]를 70%로 조절합니다.

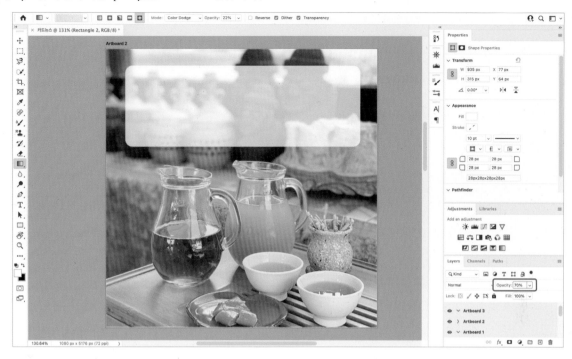

18 [Horizontal Type Tool]을 선택하고 흰색 바탕의 사각형 위에 잘 보이도록 3d5936으로 텍스트 색상을 설정합니다.

19 본문 내용을 입력하고, 본문 내용 안에서도 구분이 되도록 폰트의 두께와 크기를 조절하여 두 번째 카드뉴스 페이지를 완성합니다.

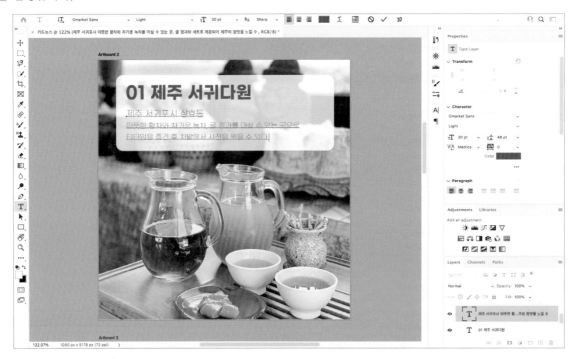

20 다른 두 페이지도 [Artboard 2]와 같은 형식으로 제작하여 총 네 장짜리 카드뉴스를 완성합니다.

03 감성적인 유튜브 섬네일

유튜브 섬네일은 크게 감성이 담긴 섬네일과 정보를 전달하기 위한 섬네일로 구분할 수 있습니다. 먼저 이미지와 모양 도구를 활용하여 원고지 형식의 감성적인 유튜브 섬네일을 제작해봅니다.

예제 파일 템플스테이.jpg   완성 파일 감성섬네일_완성.png, 감성섬네일_완성.psd

01 [Width(폭)] 1280px, [Height(높이)] 720px, [Resolution(해상도)] 300px 의 새 파일을 생성합니다.

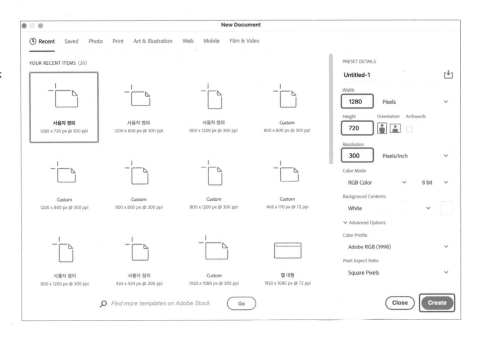

02 [File(파일)] – [Place Embedded(포함 가져오기)]로 템플스테이.jpg를 불러옵니다.

03 [Layers(레이어)] 패널에서 새로운 레이어를 추가하고 [Foreground Color(전경색)]를 000000로 변경합니다. [Paint Bucket Tool(페인트 통 도구)]을 선택하여 레이어를 [Foreground Color]로 채운 후 [Opacity(불투명도)]를 30%로 변경합니다.

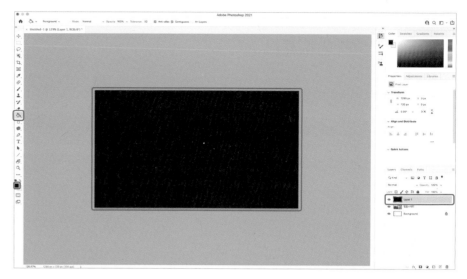

04 [Horizontal Type Tool(수평 문자 도구)]을 선택한 후 레이어를 클릭하여 '#템플 스테이'를 입력합니다. [Properties(속성)] 패널에서 [크기]를 5pt로 변경하고 색상도 ffffff로 변경합니다.

05 [Move Tool(이동 도구)]을 선택하여 좌측 상단으로 텍스트를 이동합니다.

06 [Layers] 패널에서 문자 레이어를 선택한 후 Cmd/Ctrl + J로 레이어를 복사합니다. [Move Tool]로 복사한 레이어를 우측 상단으로 이동한 뒤 더블클릭하여 내용을 '첫번째 브이로그'로 변경합니다.

07 새 레이어를 하나 추가하고 [Rectangle Marquee Tool(사각형 선택 윤곽 도구)]을
선택하여 Shift를 누른 채로 레이어 위에 정사각형을 그립니다.

08 마우스 오른쪽 버튼을 클릭한 후 [Stroke(획)]를 클릭합니다. [Width]는 1px, [Color(색상)]는 ffffff로 설정한 뒤
[OK(확인)]를 클릭하여 획을 그립니다.

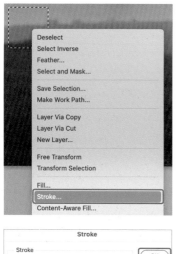

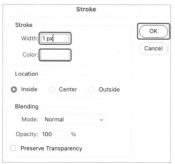

09 사각형 레이어가 총 6개가 되도록 Cmd/Ctrl + J로 복사한 후 각 레이어를 원고지 모양으로 배치합니다.

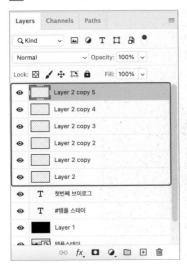 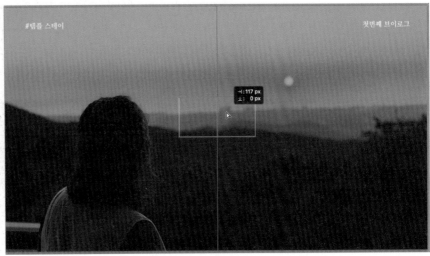

10 원고지 모양에 해당하는 모든 레이어를 선택한 후 [Merge Layers(레이어 병합)]를 눌러 하나의 레이어 합칩니다.

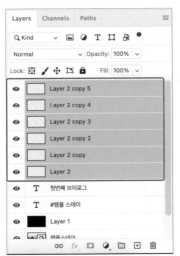 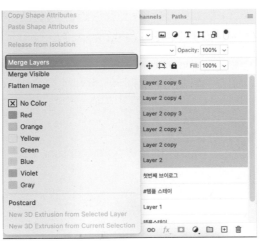 

11 [Line Tool(선 도구)]을 클릭한 후 원고지의 폭만큼 라인을 그립니다.

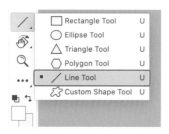

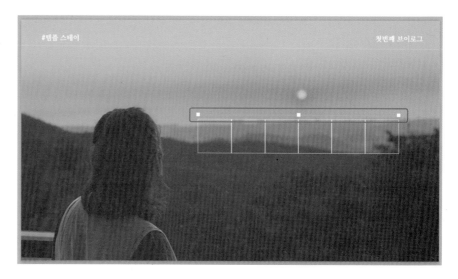

12 'Line 1' 레이어를 Cmd/Ctrl + J로 복사한 후 원고지의 하단으로 이동합니다.

13 [Horizontal Type Tool]로 원고지 안에 들어갈 내용을 작성합니다. 먼저 '템플 스테이'를 입력합니다.

14 [Properties] 패널에서 [자간]을 960으로 변경합니다.

15 원고지 옆을 클릭한 후 'Temple Stay'를 작성합니다. [Properties] 패널에서 [폰트]는 Quentin, [크기]는 14.93pt로 변경합니다. 원고지 디자인에 살짝 겹치도록 위치를 변경합니다.

16 하단에 들어갈 '–금강산 화암사 편–'을 입력합니다. [폰트]는 나눔명조, [크기]는 5.67pt로 변경한 후 적절하게 위치를 옮깁니다.

17 완성된 유튜브 섬네일을 확인합니다.

04 정보성 유튜브 섬네일

제목을 직관적으로 표현하여 정보를 전달할 수 있는 정보성 유튜브 섬네일을 [Type Tool]과 [Gradient Tool]을 사용하여 제작해 봅니다.

예제 파일 채널.png, 유튜브.png   **완성 파일** 정보성섬네일_완성.png, 정보성섬네일_완성.psd

01 [Width(폭)] 1280px, [Height(높이)] 720px, [Resolution(해상도)] 300의 새 파일을 생성합니다.

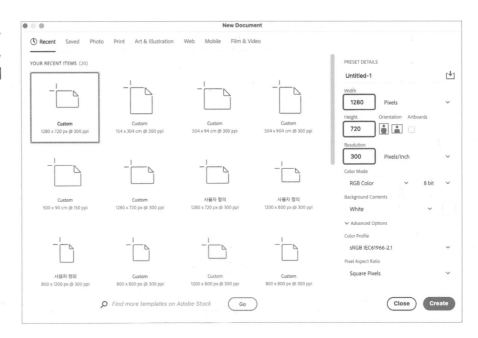

02 채널.png 파일을 불러온 후 작업 영역의 우측으로 이동 합니다. (Enter)를 눌러 이미지 를 포함합니다.

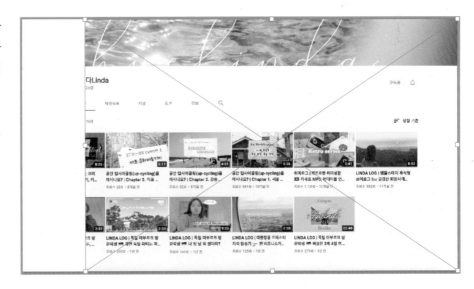

03 [Layers(레이어)] 패널에서 새 레이어를 추가하고 [Foreground Color(전경색)]를 000000으로 변경합니다. 새로 추가한 레이어를 클릭한 상태에서 Opt/Alt + Delete를 눌러 해당 레이어를 [Foreground Color]로 채웁니다.

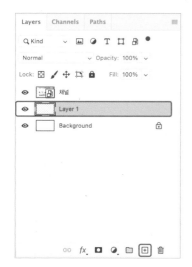 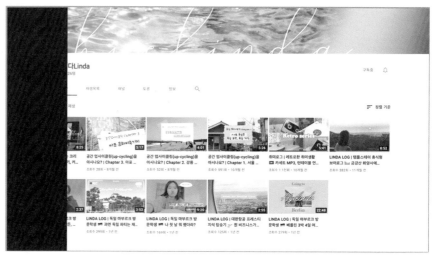

04 다시 한번 새 레이어를 추가하고 [Gradient Tool(그레이디언트 도구)]을 선택합니다. 옵션 바에서 [전경색에서 투명으로], [Linear Gradient(선형 그레이디언트)]를 선택합니다.

05 단색 레이어가 끝나는 지점부터 오른쪽 방향으로 드래그하여 그레이디언트를 적용합니다. 이때 그레이디언트의 크기는 Cmd/Ctrl + T로 조절 가능합니다.

06 [Horizontal Type Tool(수평 문자 도구)]을 클릭한 후 [폰트]는 Noto Sans CJK KR, [두께]는 Black, [크기]는 28pt로 제목을 입력합니다. '포토샵으로 유튜브 썸네일 만들기'를 입력합니다.

07 텍스트 중 강조하고 싶은 부분만 선택하여 [색상]을 fd084e로 변경합니다.

08 유튜브.png 이미지를 불러
온 후 텍스트 위에 배치합니다.
완성된 이미지를 확인합니다.

05 배너

[Type Tool]과 [Layer Style]을 활용하여 이벤트 홍보 배너를 제작합니다.

예제 파일 바다풍경.jpg, 화장품.png, 화장품2.png, 화장품3.png, 화살표.png   완성 파일 기획전배너_완성.png, 기획전배너_완성.psd

01 [Width(폭)] 900px, [Height(높이)] 600px, [Resolution(해상도)] 144의 새 파일을 생성합니다.

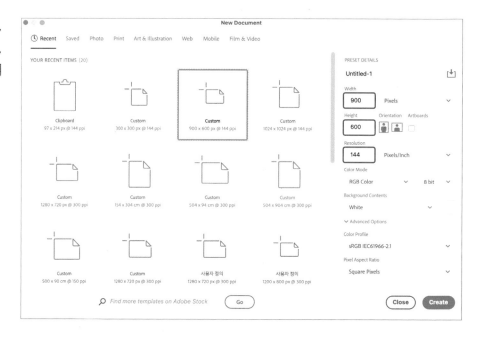

02 [Foreground Color(전경색)]를 5199be로 변경한 후 Opt/Alt + Delete 를 눌러 레이어를 [Foreground Color]로 채웁니다.

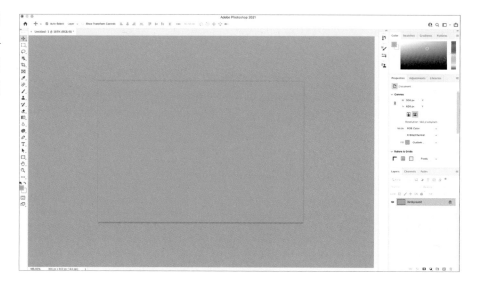

03 바다풍경.jpg를 불러온
후 크기를 조절합니다.

04 [Layers(레이어)] 패널에서 '바다풍경' 레이어를 선택한 후 [Blend Mode(혼
합 모드)]를 [Screen(스크린)]으로 변경하고 [Opacity(투명도)]를 90%로 조절합
니다.

05 [Horizontal Type
Tool(수평 문자 도구)]로
'8월 여름맞이 기획전'을 입
력합니다.

06 `Cmd`/`Ctrl` + `A`를 눌러 텍스트 전체를 선택한 다음 [Properties(속성)] 패널에서 행간 값을 줄입니다.

 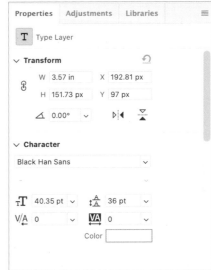

07 텍스트 중 '8월'을 드래그한 후 [Properties] 패널에서 텍스트 크기를 키웁니다.

 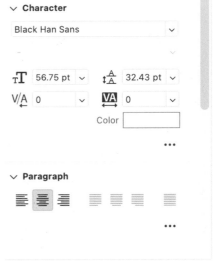

08 [Layers] 패널에서 '8월 여름맞이 기획전' 문자 레이어 우측의 빈 공간을 더블클릭하여 [Layer Style] 창을 실행합니다. [Drop Shadow(드롭 섀도)]를 체크한 후 [Opacity(불투명도)]는 100%, [Angle(각도)]는 138도, [Distance(거리)]는 3px, [Spread(스프레드)]는 2%, [Size(크기)]는 0px로 값을 설정합니다. [Ok(확인)]를 누르면 텍스트에 그림자 효과가 적용됩니다.

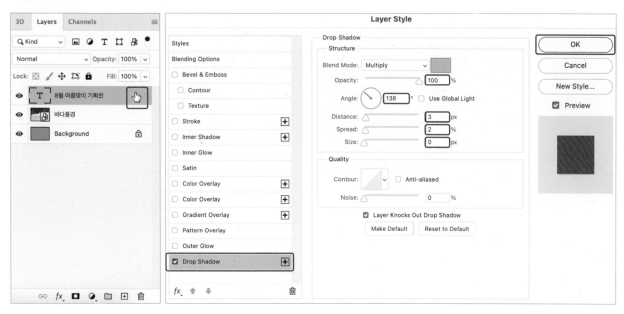

09 [Rectangle Tool(사각형 도구)]을 선택한 후 작은 크기의 직사각형을 그립니다. 모서리의 조절점을 클릭 후 드래그하여 사각형 모서리를 둥글게 조절합니다.

10 다시 [Horizontal Type Tool]로 '기간'을 입력합니다. [Move Tool(이동도구)]로 텍스트를 사각형 위로 이동합니다.

11 [Layers] 패널에서 사각형 레이어를 선택한 후 Cmd /Ctrl + J로 레이어를 복사합니다. 복사된 레이어를 우측으로 이동한 뒤 Cmd/Ctrl + T로 폭을 길게 조절합니다.

12 [Properties] 패널에서 [Fill(칠)]을 클릭하여 [색상]을 ffffff로 변경합니다.

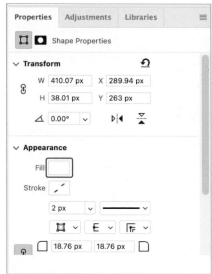

13 [Horizontal Type Tool]로 기간을 입력합니다. 흰색 사각형 레이어를 클릭한 후 Cmd/Ctrl + T를 눌러 해당 텍스트의 길이만큼 사각형 레이어의 너비를 조절합니다.

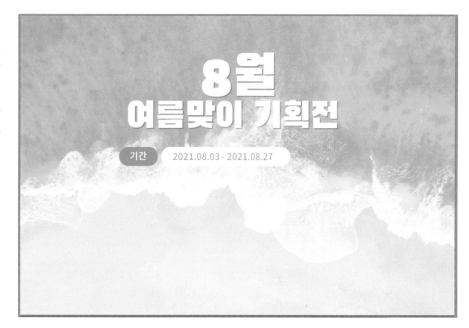

14 [Layers] 패널에서 Shift 를 누르고 두 사각형 레이어와 문자 레이어를 모두 클릭해준 상태에서 작업 영역의 가운데로 이동합니다. 레이어가 모두 선택된 상태에서 Cmd/Ctrl + G 를 눌러 그룹화합니다. [Layers] 패널에서 해당 그룹을 더블클릭하여 그룹 이름을 '기간'으로 변경합니다.

15 화장품.png, 화장품2.png, 화장품3.png 파일을 불러온 후 Cmd/Ctrl + T 로 사이즈를 적절하게 조절합니다.

16 각 레이어를 클릭하여 이동 및 회전을 시킨 후 [Move Tool]로 적절하게 배치합니다.

17 각 제품에 대한 설명을 작성하기 위해 화살표.png 파일을 불러온 후 Cmd/Ctrl + J를 두 번 눌러 복사합니다. 이후 각 제품 주변으로 화살표의 위치를 옮깁니다.

18 각 제품에 대한 설명을 [Horizontal Type Tool]로 작성합니다.

19 '기간' 그룹과 마찬가지로 화장품 제품 사진 레이어, 화살표 레이어, 설명 문자 레이어를 모두 선택하여 '제품' 그룹으로 그룹화 시킵니다.

20 [Rectangle Tool]을 선택
한 후 레이어 하단에 직사각
형을 그립니다. 마찬가지로
사각형 모서리 둥글기를 조
절합니다.

21 [Horizontal Type Tool]
을 선택한 후 '구매하러가기'
를 입력합니다. 작성한 문자
레이어를 사각형 위로 이동
시킨 후 작업을 마무리합니
다. 완성된 이미지를 확인합
니다.

06 리플렛

가이드 라인을 활용하여 3단으로 접히는 A4 사이즈의 3단접지 리플렛을 만들어봅니다.

예제 파일 지도.png   완성 파일 리플렛_표지.pdf, 리플렛_속지.pdf, 리플렛_표지.psd, 리플렛_속지.psd

01 3단으로 접히는 A4 사이즈의 3단접지 리플렛은 다음과 같은 구성을 갖고 있습니다. 총 두 개의 파일을 생성해야 하며 각 파일의 구성은 다음과 같습니다.

02 A4 사이즈의 리플렛을 만들어야 하는데 이때 가로, 세로 각 2mm의 작업 영역 설정이 필요합니다. 따라서 297 × 210이 아닌 301 × 214(mm)의 파일을 생성합니다. 인쇄물이므로 [Resolution(해상도)]은 300, [Color Mode(색상 모드)]는 [CMYK Color]로 설정합니다.

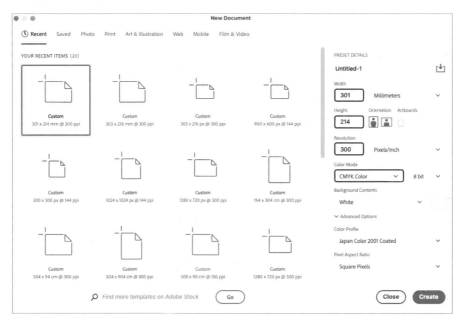

03 리플렛 구역을 구분해주기 위해 안내선을 설정해야 합니다. [View(보기)] - [New Guide(새 안내선)]를 클릭합니다. 먼저 [Vertical(세로)]을 체크한 뒤 위치는 2mm로 설정하여 생성합니다. 형광 하늘색의 세로 안내선이 2mm 위치에 생성됩니다.

04 각 테두리에 2mm 작업 영역을 모두 표시해야하기 때문에 [Horizontal(가로)] 2mm, 212mm 위치와 [Vertical] 299mm위치에도 안내선을 생성합니다.

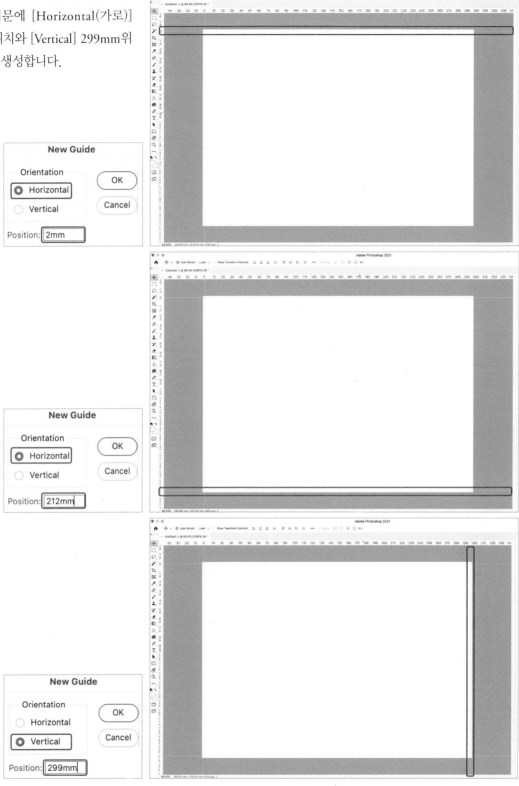

05 테두리를 모두 설정한 뒤 A4를 3개의 영역으로 구분해야 합니다. 이때 A4의 가로 폭은 실제로 종이를 접었을 때를 고려하여 97mm, 100mm, 100mm로 구분합니다. 따라서 작업 영역 2mm에 97mm를 더한 99mm에 Vertical 안내선을 생성합니다. 여기서 100mm 떨어진 199mm에 마지막으로 안내선을 추가합니다.

06 작업의 편의를 위하여 [Horizontal Type Tool(수평 문자 도구)]로 각 면의 위치를 작성한 뒤 시작합니다.

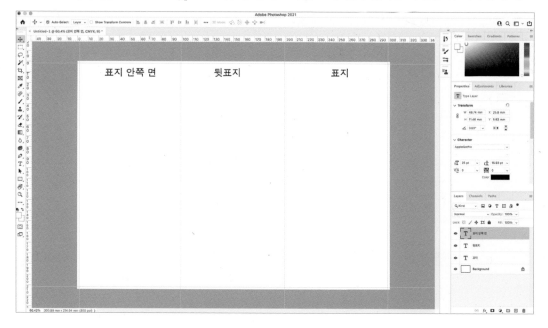

07 [Foreground Color(전경색)]로 f8f2f1로 변경한 후 Opt/Alt + Delete 를 눌러 [Foreground Color]로 레이어를 칠합니다.

08 표지에 해당하는 곳에 [Horizontal Type Tool]로 제목을 작성하고 표지의 안쪽 면에는 작게 로고를 작성합니다. 'COFFEE'의 [폰트]는 Black Han Sans, [크기]는 50.87pt, '-MENU-'의 [폰트]는 나눔바른고딕, [크기]는 15.36pt, '@CoffeeCompany'의 [폰트]는 Black Han Sans, [크기]는 9.98pt로 설정합니다.

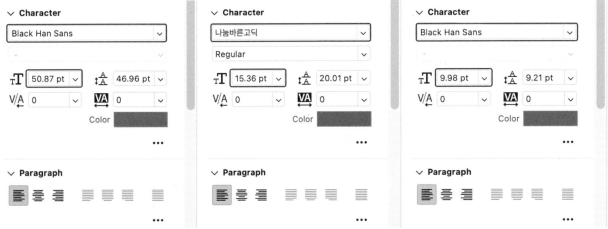

09 뒷 표지에는 안내도를 작성합니다. [Horizontal Type Tool]로 'Getting Here'를 입력하고 [Rectangle Tool(사각형 도구)]로 지도가 들어갈 크기의 직사각형을 그립니다. 이때 [폰트]는 Arial Black, [크기]는 18.34pt로 설정합니다.

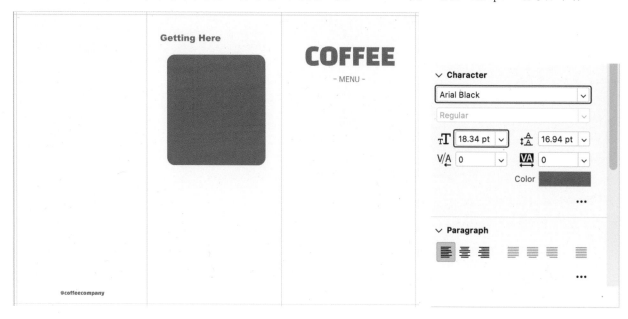

10 직사각형 위에 지도.png 파일을 불러와서 배치합니다.

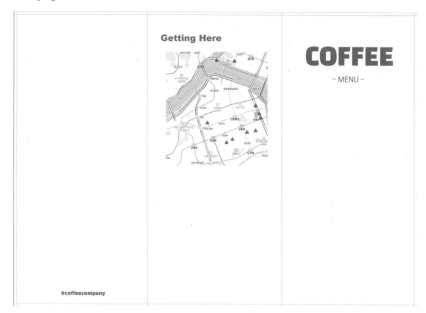

11 [Layers(레이어)] 패널에서 지도 레이어를 사각형 레이어 위로 이동한 뒤 두 레이어 사이에 마우스를 올립니다. 이후 Opt/Alt를 누르고 클릭하여 클리핑 마스크를 생성합니다.

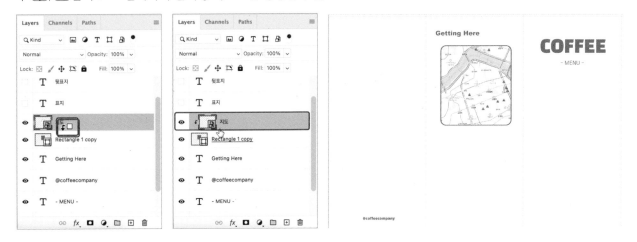

12 지도 아래 부분에는 갈 수 있는 방법, 연락처 등 추가적인 내용을 작성합니다. 이때 'METRO', 'BUS' 등 소제목의 [폰트]는 나눔바른고딕, [두께]는 Bold, [크기]는 13pt, [색상]은 414041로 설정합니다. 세부사항들의 [폰트]는 나눔바른고딕, [두께]는 Regular, [크기]는 8pt, [색상]은 414041로 설정합니다.

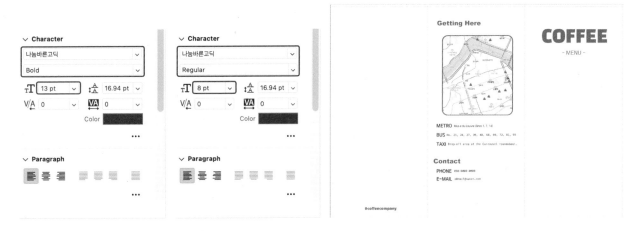

13 디자인 적용이 끝난 후에는 [File(파일)] - [Save as(다른 이름으로 저장)]을 클릭합니다. 이때 [Format(형식)]은 Photoshop PDF로 설정한 후 [Save PDF(PDF 저장)]를 클릭합니다. [Adobe PDF Preset(Adobe PDF 사전 설정)]은 [Press Quality(출판 품질)], [Compatibility(호환성)]는 [Acrobat 6]로 설정하고 저장을 마무리합니다.

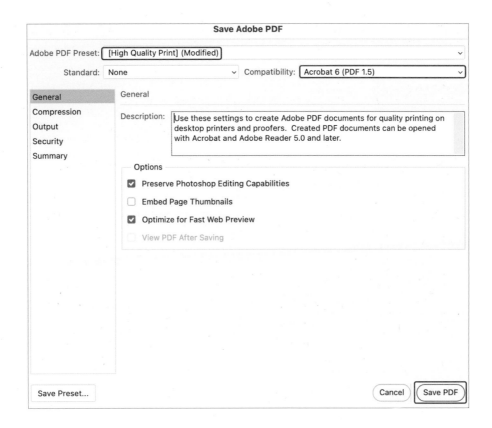

14 리플렛의 다른 면을 작성하기 위해 처음과 동일한 방식으로 파일을 생성하고 안내선을 그립니다. 이때 97mm, 100mm, 100mm로 구성했던 표지와는 달리 100mm, 100mm, 97mm로 안내선을 구성해야 합니다.

15 마찬가지로 내용을 작성한 후 PDF 형식으로 저장합니다. 완성된 메뉴판 리플렛을 확인합니다.

COFFEE		NON-COFFEE		DESSERT	
Americano	3.3	Choco Latte	3.3	Tiramisu	3.3
Latte	3.3	Green tea Latte	3.3	Chocolate Cake	3.3
Vanila Latte	3.3	Black tea Latte	3.3	Carrot Cake	3.3
Caramel Latte	3.3	Orange Ade	3.3	Redvelvet Cake	3.3
Hazelnut Latte	3.3	Lemonade	3.3	Croffle	3.3
Espresso	3.3	Grape Ade	3.3	Icecream (Vanila/Chocolate)	3.3
Cappuccino	3.3	Grapefruit Ade	3.3	Waffle	3.3
Caramel Macchiato	3.3	Peach Ice tea	3.3	Brownie	3.3
Flat White	3.3	Apple Ice tea	3.3	Chocolate Cookie	3.3
Cafe Mocha	3.3	Lemon Ice tea	3.3	Madeleine	3.3
Cold Brew	3.3	Orange Juice	3.3		
Cold Brew Latte	3.3				
Cube Latte	3.3				

찾아보기